KB161729

변호사를 꿈꾸는 이들을 위한
스토리 가이드북

변호사
해석법

변호사를 꿈꾸는 이들을 위한
스토리 가이드북

변호사 해석법

초판인쇄 2021년 1월 4일
초판발행 2021년 1월 4일

지은이 김경희
펴낸이 채종준
기획·편집 신수빈
디자인 김예리
마케팅 문선영·전예리

펴낸곳 한국학술정보(주)
주소 경기도 파주시 회동길 230 (문발동)
전화 031 908 3181(대표)
팩스 031 908 3189
홈페이지 http://ebook.kstudy.com
E-mail 출판사업부 publish@kstudy.com
등록 제일산－115호(2000. 6. 19)

ISBN 979-11-6603-252-3 03040

이 책은 한국학술정보(주)와 저작자의 지적 재산으로서 무단 전재와 복제를 금합니다.
책에 대한 더 나은 생각, 끊임없는 고민, 독자를 생각하는 마음으로 보다 좋은 책을 만들어갑니다.

변호사를 꿈꾸는 이들을 위한
스토리 가이드북

변호사
해석법

변호사 **김경희** 지음

이담
Books

당신의 ♥
꿈은 무엇인가요?

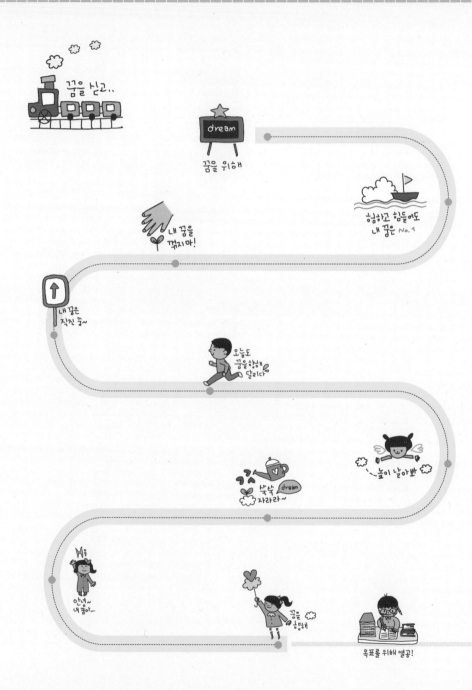

자라라
내 꿈~♡

" 무엇이든 할 수 있는 자유 "

"변호사가 된 후에는 붕어빵을 팔며 살아도 기분이 좋을 것 같아요."

2002년 겨울, 한창 사법시험 공부를 하던 어느 날, 함께 공부하던 수험생이 했던 말이다. 나는 그 수험생에게 변호사가 됐는데 왜 붕어빵 장사를 하느냐고 물었다. "변호사가 된 후라면 어떤 일을 하든 자유로울 것 같거든요." 대답이 알쏭달쏭했다. 아마도 변호사가 되기만 하면, 그때부터는 남의 시선에 구애받지 않고 무엇이든 자유롭게 할 수 있을 것 같다는 말이었으리라.

사법시험에 합격하고 17년이 흐른 지금, 앞에서 언급한 변호사로서의 '자유'가 무엇을 말하는지 잘 알고 있다. 변호사라는 단어는 직업을 가리키기도 하지만, 자격증을 의미하기도 한다. 변호사 자격을 취득한 후에 할 수 있는 일은 그야말로 무궁무진하다. 독자들도 이 책을 읽다 보면 변호사의 자유가 무엇을 의미하는지 알게 될 것이다.

이 책은 변호사 자격증 또는 변호사라는 직업에 관심을 두고 있는 독자들을 위해 쓰게 되었다. 변호사라는 직업은 어떤 일을 하는지, 변호사가 되려면 무엇을 어떻게 준비해야 하는지, 변호사 삶의 희로애락은 무엇인지, 개인적인 인생사 등 다양한 질문에 대해 최대한 많은 정보를 담기 위해 노력하였다.

이 책은 진로를 고민하는 청소년과 청년들에게 변호사라는 직업을 알려주는 안내서가 되겠지만, 이미 직업이 있는 독자들도 이 책을 읽고 가슴속에 뜻밖의 설렘과 열정이 느껴졌으면 좋겠다. 어릴 적 언젠가 변호사를 꿈꿨었으나, 여러 가지 이유로 포기했었다면 더욱더 그러할 것이다.

부족하지만 이 한 권의 책이 독자들의 삶에 하나의 작은 이정표가 될 수 있다면 나에게는 큰 영광이 될 것이다.

변호사 **김 경 희**

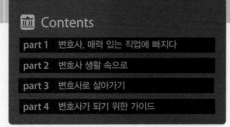

Contents

part 1 변호사, 매력 있는 직업에 빠지다

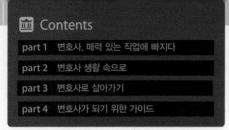

part
3 변호사로 살아가기

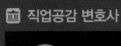 직업공감 변호사

Q & A
들여다보기

변호사는
어떤 일을
하나요?

변호사가 되면
정말 돈을 많이 버나요?

변호사 직업의
미래 전망은 어떤가요?

변호사에
대한 정보는
어디서 얻나요?

청소년이 죄를 지으면
어떻게 되나요?

재판에서
졌을 때는
어떻게
하나요?

법 공부는
어떻게
해야 하나요?

법학적성시험(LEET)은
어떻게 준비해야 하나요?

늦은 나이에도
변호사시험에
합격할 수 있나요?

꿈을 키워라!

1

변호사, 매력 있는 직업에 빠지다

변호사 직업이
궁금해요

'직업'이란? 국립국어원의 「표준국어대사전은」 "① 생계를 유지하기 위하여 ② 자신의 적성과 능력에 따라 ③ 일정한 기간 동안 계속하여 종사하는 일"이라고 정의하고 있다.

현실을 돌아보자. ②번에 쓰인 대로 "자신의 적성과 능력에 따라" 직업을 선택하고 유지하며 사는 사람은 얼마나 될까? 갈수록 취업난이 심각해지고 있는 경제 상황에서, 적성과 능력에 맞는 직업을 고를 수 있는 여유가 우리에게 남아 있을까? 내 적성과 능력이 무엇인지 파악하기도 쉽지 않다. 내 적성과 능력을 파악했다 하더라도 어떤 직업이 내 적성과 능력에 맞는지 알아내는 것은 더 어렵다. 직접 그 직업에 종사해보고 겪어보아야 알 수 있다.

나 역시 처음부터 변호사가 되려고 사법시험을 준비한 건 아니었다. 스무 살이 되던 해, 집안 형편이 어려워 고등학교를 졸업하자마자 자동차부품 공장 생산직 근로자로 취업했다. 학력도 짧고 특기도 없었기에, 그 후로도 제약회사 영업사원, 백화점 파견사원 등 기회가 주어지는 대로 열심히 일하며 살았다.

그러던 중 20대 중반의 나이에, 공무원시험을 준비하여 9급 세무 공무원시험에 합격했다. 그 후 5년 동안 세무 공무원 생활을 하였다. 공무원시험 합격으로 직장도 안정되었고, 공부에 늦은 나이란 없다는 자신감을 얻은 것이 큰 소득이었다.

그러던 어느 날, 우연히 사법시험 합격 수기가 실린 책을 보게 되었다. 당시에는 사법시험 제도에 대해 어렴풋하게만 알고 있었을 뿐 제대로 알지도 못했으며, 한 번도 나와 관련지어 생각해본 적이 없었다. 합격 수기 주인공 중 일부는 나보다도 더 가정형편이 어려워 고등학교까지의 과정도 검정고시로 통과한 후 사법시험까지 독학으로 합격한 경우도 있었다.

고난을 이겨낸 역전 드라마 같은 다양한 합격 수기를 읽으니 감동이 밀려왔다. '내가 만일 학창 시절에 공부를 제대로 했었더라면 나는 지금 어떻게 살고 있을까?' 성취동기가 없다는 이유로 학업을 등한시했던 학창 시절이 후회되었고, 나 자신을 시험해보고 싶었다. '지금이라도 여한 없이 열심히 공부한다면 어떻게 될까?' 무엇보다도 공부에 대한 미련이 많았던 것 같다.

3년만 후회 없이 공부해 보자는 생각에 다니던 직장에 사표를 냈다. 낮에는 세무 공무원으로 일하고 밤에는 야간대학을 다녀 대학 졸업장을 받은 직후였다. 당시 동료들의 만류와 걱정 어린 눈빛들이 아직도 선하다. "서울대학교 법학과를 졸업한 후 10년 이상 공부해도 합격하지 못하는 사람이 많다, 안정된 공무원 생활을 왜 그만두려 하느냐." 등등 무모한 도전이라며 내 결정을 이해 못 하는 사람들이 많았다. 걱정해주는 사람들을 실망시키지 않기 위해서 열심히 공부하였고, 다행히 운도 따라주어서 정확히 3년 공부한 끝에 사법시험에 합격했다. 2년 과정의 사법연수원을 졸업하니 변호사 자격이 주어졌다.

이후의 개인적인 삶에 대한 이야기는 차차 하기로 하고, 이 장에서는 일반적으로 변호사라는 직업이 어떤 일을 하는지, 변호사 채용 방식과 경쟁률은 어떻게 되는지, 변호사의 소득수준은 얼마나 되는지에 대해 아는 한도 내에서 자세히 전달하고자 한다.

Q & A

변호사는
어떤 일을 하나요?

예로부터 송사에 휘말리면 집안이 망한다는 말이 있어서일까? 사람들은 되도록 변호사 만날 일이 없기를 바라며 살아간다. 그래서인지 변호사가 어떤 일을 하는지 직접 옆에서 관찰하기가 쉽지 않다. TV 드라마나 영화 속의 변호사 모습을 보며 하는 일을 미루어 짐작할 뿐이다.

변호사가 일하는 분야는 매우 다양하다. 개업 변호사, 법무법인(로펌) 소속 변호사, 법률구조공단 변호사, 국선전담 변호사, 정부법무공단 변호사, 각종 기업체의 사내 변호사, 공무원, 교수, 법률 전문기자, 경찰 간부 등 거의 모든 분야로 진출해 다양한 업무를 수행한다.

변호사가 어떤 일을 하는지는 「변호사법」 제3조(변호사의 직무)가 규정하고 있다. 그 내용은 "변호사는 당사자와 그 밖의 관계인의 위임이나 국가·지방자치단체와 그 밖의 공공기관의 위촉 등에 의하여 ① 소송에 관한 행위 및 ② 행정처분의 청구에 관한 대리행위와 ③ 일반 법률 사무를 하는 것을 그 직무로 한다."이다.

조금 더 구체적으로 살펴보면, 첫째, 민사소송, 행정소송, 형사소송, 헌법재판청구 등

법원과 헌법재판소에서 판결하거나 결정하는 사건에서 당사자 및 관계인들의 입장을 대리하거나 변호해주는 일을 수행한다. 둘째, 국가기관이나 지방자치단체 등에 행정처분을 해주거나 취소해줄 것을 대리하여 청구하는 일을 한다. 셋째, 내용증명, 계약서 등 법률 관련 문서 작성이나 검토, 공증, 일반 법률상담 등의 업무를 수행한다.

고용노동부와 한국고용정보원이 운영하는 워크넷*은 다음과 같이 변호사가 하는 일을 규정하고 있다. 이 외에도 무수히 많은 일을 하고 있어 아래 내용은 극히 일부분에 지나지 않지만, 큰 틀에서 대략 참고해볼 만하다.

변호사가 하는 일
· 사건 당사자 및 대리인과 상담한다.
· 상담 결과에 따라 사건의 종류(민사소송 사건·조정 사건·비송 사건·행정소송 사건 등)를 판단하고 수임한다.
· 사건 당사자의 대리인으로 소·심판 등의 제기와 취하, 조정, 이의 등을 신청하고 등기나 기타신청, 화해 등의 절차를 수행한다.
· 형사소송 시에는 피고인 또는 피의자 등과의 접견, 관계서류 또는 증거물의 열람 및 등사, 구속취소 또는 보석과 증거 보존의 청구, 구속영장실질심사 및 구속적부심의 청구, 피의자·피고인의 변호인으로서 법정에서 당사자를 대리하여 변론 등의 업무를 수행한다.

* https://www.work.go.kr

· 변론에 필요한 자료를 수집하고 정리한다.

· 심급에 따라 항소·상고 등의 절차를 진행하며, 각종 법률에 관하여 상담한다.

· 이외에도 증서에 관한 인증업무를 담당하는 공증업무도 한다.

「변호사법」 제3조(변호사의 직무)에서 첫 번째로 언급한 업무인 소송에 관한 행위가 전형적인 변호사 업무 중 가장 큰 비중을 차지한다. 그중에서도 법원에 제출해야 하는 각종 서류를 검토하고 작성하는 업무 비중이 가장 크다.

의뢰인이 두서없이 말하는 내용을 법률상 요건에 맞게 정리하고 증거를 수집하여 재판을 위한 준비서면을 작성한 후 법원에 제출한다. 또한, 상대측에서 제출한 준비서면과 증거를 조목조목 법리적으로 반박하며 의뢰인이 승소하도록 돕는다.

재판이 열리는 당일에는 법원에 출석하여 판사 앞에서 변론하고 증인이 있는 경우 증인신문도 한다. 그러나 드라마나 영화에서 보는 것처럼 판사나 배심원 앞에서 장시간 변론하는 일은 생각보다 많지 않다. 대부분 미리 제출하는 증거 서류와 준비서면을 작성하는 데에 업무 시간을 많이 소요한다.

형사 사건의 경우, 피의자가 경찰이나 검찰에 출두해 조사를 받을 때 함께 참석하여 피의자가 불이익을 받는 일이 없도록 돕는다. 조사가 길어질 때는 8시간 이상 같은 자

리에 앉아 있어야 하는 경우도 많으므로 당일은 다른 일정을 비워놓는 것이 좋다.

위와 같은 전형적인 변호사 업무 외에도 각자가 선택한 직업 분야에서 그 조직에 필요한 다양한 업무를 수행하고 있으며 그 폭은 갈수록 넓어지고 있다.

Q & A

변호사 채용 방식과
경쟁률은 어떤가요?

변호사를 채용하는 주체가 어디인지에 따라 채용 방식과 경쟁률이 상이하다. 대형 로펌이나 공공기관에서는 동시에 여러 명의 변호사를 채용하기도 하지만, 중소형 로펌이나 개인 변호사 사무실에서는 신입 변호사를 채용할 때 대부분 1~2명 정도 채용한다.

대부분의 채용 방식은 응시 원서, 이력서, 자기소개서 등 필요 서류를 미리 제출하여 서류전형을 시행한 후 서류전형 합격자들을 대상으로 면접시험을 보는 방식이다.

한 해 약 1,700명이 변호사시험에 합격하는 현재 상황에서, 변호사를 채용하는 곳은 상대적으로 턱없이 부족하다. 채용 주체에 따라 경쟁률이 달라지긴 하겠지만 대부분 경쟁이 치열한 편이다. 로스쿨과 변호사시험 제도 도입 이후 변호사 숫자가 기하급수적으로 늘어나다 보니, 갈수록 경쟁률이 높아지고 있다.

자세한 변호사 채용 정보를 알아보려면 대한변호사협회나 서울지방변호사회의 취업정보센터에 수시로 들어가서 확인하면 된다. 국가기관이나 지방자치단체 등 공공기관에 취업하고자 하는 사람들은 나라일터에서도 다양한 분야에서 변호사를 수시로 채용하므로 참고하기 바란다.

변호사 채용 정보 사이트
· 대한변호사협회 취업정보센터(http://career.koreanbar.or.kr)
· 서울지방변호사회 취업정보센터(https://www.seoulbar.or.kr)
· 나라일터(https://www.gojobs.go.kr)

Q&A

변호사가 되면
정말 돈을 많이 버나요?

TV나 영화에서 보는 변호사들은 대부분 좋은 집에 좋은 차를 가진, 경제적으로 안정된 모습으로 등장한다. 실제 현실에서의 변호사 모습은 어떨까? 사람들이 생각하는 것처럼 정말 돈을 많이 벌까?

변호사의 개인별 역량이나 변호사가 속한 법무법인(로펌), 공공기관, 회사의 임금체계에 따라 소득은 천차만별이다. 연봉 1~5억쯤은 손쉽게 버는 변호사들도 있고, 갓 개업한 변호사들이나 공직에 취업한 변호사들은 연봉이 5천만 원 이하인 경우도 많다. 워크넷에 따르면, 대략적인 변호사 소득은 상위 25%가 9,928만 원, 하위 25%는 6,130만 원, 중윗값은 8,189만 원이다(조사 연도: 2019년).

사법시험 합격자 수가 약 200~300명에 머물던 과거에는 변호사가 되면 대부분 고소득이 보장됐다. 그러나 지금은 한 해 약 1,700명이 변호사시험에 합격하고 있고, 그에 비례하여 개업하거나 취업하는 변호사 숫자도 갈수록 늘고 있어 변호사들의 소득이 과거만큼 많지 않다.

과거와 달리 현재는 단순히 변호사가 되었다는 사실 하나로 돈을 많이 버는 것은 불

가능하게 되었다. 그러나 소득이 적어지고 있다고 낙담하여 변호사가 되고자 하는 꿈까지 포기할 필요는 없다. 변호사가 된 후에도 끊임없이 새로운 분야를 개척하고, 맡은 사건 하나하나에 열과 성을 다하다 보면 어느새 그 분야의 전문가가 되어 소득도 자연스럽게 올라갈 것이다.

변호사의 특성과
필요한 자질

「변호사법」 제1조는 "변호사는 기본적 인권을 옹호하고 사회정의를 실현함을 사명으로 한다. 변호사는 그 사명에 따라 성실히 직무를 수행하고 사회질서 유지와 법률제도 개선에 노력하여야 한다."라고 규정함으로써 변호사에게 인권 옹호 및 사회정의 실현, 사회질서 유지, 법률제도 개선 등의 사명을 부여하고 있다. 또한 동법 제2조는 "변호사는 공공성을 지닌 법률 전문직으로서 독립하여 자유롭게 그 직무를 수행한다."라고 하여 변호사라는 직업은 공공성을 지닌 직업이라는 점을 밝히고 있다.

이처럼 변호사 직업의 특수성을 고려할 때, 변호사에게 필요한 자질은 첫째, 모든 사람의 인권을 소중히 여기며, 사회정의와 공익을 위해 헌신하려는 마음 자세다. 변호사라는 직업은 단지 하나의 생계 수단으로서의 직업적 의미만 있는 것이 아니라, 공공성을 부여받고 있어 공익에도 기여해야 한다. 경쟁이 심화한 사회에서는 권력을 가진 자들이 힘없는 사람들을 억압하기 쉽고, 소외된 소수집단 사람들의 인권은 다수집단에 속한 사람들에 의해 무시되기 쉽다. 가난하고 힘없어 소외된 자들의 권리와 인권을 찾아주고 지켜주는 것이 변호사의 중요한 업무 중 하나이다.

둘째, 타인의 일을 내 일처럼 공감하고 성실하게 수행하려는 자세가 필요하다. 법률상담을 하다 보면 장시간 두서없는 말을 반복하는 의뢰인을 만나게 된다. 이때 선불리 대화를 차단하거나 대화에 집중하지 않는다면 사건을 제대로 파악할 수 없을 뿐만 아니라 변호사에 대한 의뢰인의 믿음도 깨지게 된다. 따라서 대화를 정리하고 요약하며 대화에 집중할 수 있는 자질이 필요하다.

셋째, 자기 생각을 글로 논리정연하게 요약하여 작성할 수 있는 자질도 필요하다. 물론 논리적으로 말하는 능력도 중요하지만, 앞서 언급한 것처럼 변호사들이 법정에서 발언하는 기회와 시간이 생각만큼 많진 않기 때문에 논리적인 언변보다는 글을 논리적으로 쓰는 자질이 보다 더 필요하다.

이 장에서는 변호사라는 직업의 특성에 맞는 적합한 성격과 성향은 무엇인지, 변호사 직업의 미래 전망, 신입 변호사가 처음 맡는 업무, 변호사 실무수습 기간은 어떠한지를 알아보고자 한다.

Q & A

변호사에 적합한
성격과 성향이 있을까요?

변호사를 하기에 적합한 성격과 성향이 따로 있을까? 우선 타인에 대한 이해심과 배려심이 깊은 성격이 변호사에 더 적합할 것 같다. 판사나 검사는 아무래도 옳고 그름이나 위법행위에 대한 응징을 중요시하는 성격과 잘 맞는 것에 반해, 변호사는 다른 사람을 이해하려는 마음이 크고 그 사람이 어떤 이유로 그런 행동을 했는지 등에 관심이 더 많은 이에게 적합하다고 할 수 있다.

논리적으로 분석하고 추리하는 것을 좋아하는 성격 또한 변호사에 적합하다. 변호사라는 직업은 법률과 현실을 논리적으로 연결하여 사건을 해결하는 직업이다. 평소 호기심이 많고 궁금한 게 생기면 며칠이고 생각하며 여기저기 검색하여 답을 찾아내는 성격이라면 변호사의 업무 수행에 큰 도움이 된다.

육체적인 활동을 싫어하지 않는 성향이 변호사에 적합하다. 변호사는 수시로 전국의 법원에 드나들어야 하고 검찰청이나 경찰서, 교도소 등에 갈 일이 많다. 또한, 의무적으로 공익활동도 해야 하기에 시청 등 공공기관에도 수시로 나가 무료 법률상담을 해야 한다. 이런 업무 특성을 고려하면, 출장이나 외근이 부담스럽지 않은 활동적인 성향이 변호사에 적합하다.

Q & A

변호사 직업의
미래 전망은 어떤가요?

법무부에서 펴낸 『2020 법무 연감』에 따르면 연도별 등록 변호사 및 개업 인원수, 비개업 인원수는 다음 표와 같이 꾸준히 증가하고 있다. 변호사들을 필요로 하는 수요는 크게 늘지 않는 것에 반해, 변호사 숫자는 큰 폭으로 늘어나고 있기에 갈수록 변호사들의 수임 경쟁, 생존 경쟁이 심화될 전망이다.

(단위: 명)

	2010	2011	2012	2013	2014	2015	2016	2017	2018	2019
등록 인원	11,802	12,607	14,534	16,547	18,708	20,531	22,318	24,015	25,838	27,695
개업	10,263	10,976	12,532	14,242	15,954	17,424	18,849	20,182	21,573	23,144
비 개업	1,539	1,631	2,002	2,305	2,754	3,107	3,469	3,833	4,265	4,551

한편, 다양한 법률 지식을 상황에 맞게 제공하는 인공지능 기술이 계속 발전하면 변호사라는 직업 자체가 없어질 수 있다는 전망도 나온다. 2016년 「유엔 미래보고서」는 미래에 현존하는 직업의 약 70%가 사라지거나 다른 직업으로 대체되리라 예측했다. 인공지능이 대체할 주요 직업군 가운데 하나로 변호사도 포함되어 있다. 미래에 정말로 변호사라는 직업이 사라질까?

결론부터 말하자면, 법률조항과 판례들을 검색하고 정리하는 일은 인공지능 프로그

램이 훨씬 빠를 수 있으나, 그것을 바탕으로 현실의 복잡한 문제를 대입하여 직접 해결하는 일은 역시 인간이 할 수밖에 없다고 본다.

지금도 인터넷 등을 통해 다양하고 정확한 법률정보를 얻을 수 있지만, 그런 때에도 사람들은 다시 한번 변호사를 직접 만나 확인받고 싶어 한다. 사건을 해결하기 위한 보다 더 좋은 방법은 없는지 변호사의 종합적인 의견을 들으려 하는 것이다. 따라서 인공지능 기술이 발전한다고 하더라도 변호사라는 직업 자체가 사라지지는 않을 것이다.

다만 기존의 단순 검색 작업에 드는 시간과 인력이 절약돼 변호사들의 취업 경쟁은 좀 더 치열해질 수 있다. 또한 인터넷으로 법률이나 판례를 검색하여 변호사 없이 소송을 진행하는 '나홀로소송'이 많이 증가한다면 변호사의 사건 수임에 부정적인 영향을 줄 수 있다.

이와 같은 위기에 대비하려면, 좀 더 적극적인 자세로 법률서비스의 새로운 영역을 개발할 필요가 있다. 예를 들면, 과거에는 법률서비스가 이미 발생한 사건을 해결해주는 소송업무 중심이었다면, 앞으로는 분쟁을 예방하는 법률서비스를 제공하는 방식으로 업무 영역을 확대해야 한다.

소송까지 가기 전에 미리 취할 수 있는 분쟁 예방 조치에 대한 법률정보를 다양한 방법으로 제공하고, 생활 속 다양한 법률상담도 누구나 손쉽게 이용할 수 있도록 간편한 시스템을 개발하는 등의 방법으로 날로 심각해지는 과잉 경쟁 시대를 대비할 필요가 있다.

Q & A

신입 변호사가
처음 맡는 업무는 무엇인가요?

「변호사법」 제31조의 2(변호사시험합격자의 수임 제한) 제1항에서는, 변호사시험에 합격한 변호사는 "법률사무종사기관에서 통산하여 6개월 이상 법률사무에 종사하거나 연수를 마치지 아니하면 사건을 단독 또는 공동으로 수임할 수 없다."라고 규정하고 있다. 따라서 6개월 동안은 사건을 수임하지 못하며 수임을 전제로 한 업무를 수행하지 못한다. 따라서 6개월 동안은 선배 변호사의 보조 역할을 담당하며 실무를 배워야 한다.

6개월의 실무수습을 마치고 정식으로 신입 변호사가 된 후에는 입사한 곳이 어느 영역인지에 따라 담당하는 업무가 달라진다. 소송업무를 주로 수행하는 로펌이나 개인 법률사무소에 취업했다면, 법원에 제출하는 준비서면이나 각종 서류작성 업무를 하게 되고, 피의자나 피고인을 접견해야 하며, 법원에 출석해야 한다. 그 과정에서 선배 변호사가 동행하거나 서면작성에 도움을 줄 수도 있겠지만, 실무수습을 마친 후에는 모든 과정을 혼자서 처리해야 하는 일이 많아져 당황스러운 상황이 발생할 수도 있다.

시간이 지나 같은 업무를 반복해서 하다 보면 어느새 익숙해지기 마련이니 처음부터 너무 겁먹을 필요는 없다. 신입이라고 가르쳐주는 일만 숙지하려 하지 말고, 적극적으로 변호사 선배들을 찾아가 모르는 것을 물어보자. 선배 변호사들도 신입 시절에 모두 겪은 어려움이기에 흔쾌히 도와줄 것이다.

공공기관이나 일반 기업체에 취업한 경우에는 그 조직의 고유한 업무를 분담받게 된다. 아울러 조직 내부 직원들이 작성한 계약서 등의 법률문서 검토 또는 업무 전반에 대한 법률 자문을 하게 된다. 사람들은 변호사가 무슨 법률 자판기라도 되는 것처럼 다양한 분야의 법률 문제에 대해 불쑥불쑥 물어보고 즉답을 기대할 수도 있다. 그럴 때일수록 당황하지 말고 검토할 시간이 필요한 점을 잘 설명하고, 답변 기한을 정해 자문에 응하는 것이 좋다.

충분한 검토 없이 잘못된 정보를 제공하는 실수를 하게 된다면 조직에도 큰 손해이고, 누구도 더 이상 자문하려 하지 않을 수도 있어서 철저하게 검토하고 숙고하여 답변하는 것이 좋다. 이 역시도 처음 몇 달간 고생하면 어느 정도 익숙해지니, 너무 걱정하지 말자.

실무수습 기간에는 어떤 일을 하나요?

기존의 사법시험 제도하에서는 사법시험에 합격한 후에도 2년 동안 사법연수원에서 연수를 마쳐야만 변호사 자격이 주어졌다. 2년 중 1년 6개월은 연수원 내에서 각종 법률실무와 판례를 공부하였고, 나머지 6개월은 직접 현장에 나가서 검사시보, 판사시보, 변호사시보 생활을 각 2개월씩 완수해야만 했다.

사법시험 제도가 변호사시험 제도로 바뀌면서 지금은 로스쿨 졸업 후 변호사시험만 합격하면 변호사가 될 수 있다. 사법연수원의 현장 실습 기간이 사라져 이를 보완할 필요성이 대두되었고, 「변호사법」을 개정하여 변호사시험에 합격한 사람들도 6개월 동안 수습 기간을 거치도록 보완하였다.

「변호사법」에 따르면, 변호사시험에 합격한 후 법률사무종사기관에서 6개월 이상 법률 사무에 종사하거나 연수를 마치지 아니하면 법률사무소를 개설하거나 법무법인, 법무법인(유한) 및 법무조합의 구성원이 될 수 없고, 사건을 단독 또는 공동으로 수임할 수 없다. 신규 변호사들의 실질적인 소송수행 능력을 강화하기 위해서다.

이와 같은 취지로 도입된 실무수습 제도에 대해 비판적인 시각도 존재한다. 각자 흩어져 다른 조직에서 실무수습을 받다 보니 제대로 된 교육이나 관리가 되지 않고 형식적으로만 이루어지고 있다는 의견, 6개월이라는 기간이 너무 길다는 의견, 대부분의 법무법인(로펌), 법률사무소 등이 실무수습 기간에 고용된 변호사들에게 저임금을 지급하는 등 노동착취를 하고 있다는 주장 등이 제기되고 있다.

실제로, 정작 배워야 할 실무는 의뢰인과의 상담, 수임 계약, 법정에서의 변론, 수사 입회 등이지만 현행법상 제한이 많아 여의치 않은 것이 현실이다. 고작 기록 검토와 법률문서 작성 등 보조 업무만을 배우다 보니 실무수습 기간에 대한 회의적인 시각이 많다. 현장에서 실무수습 제도가 어떻게 진행되고 있는지 제대로 현황을 파악한 후 이를 바탕으로 개선 방안이 마련되어야 한다.

국선변호사 엿보기

국선변호인, 피해자 국선변호사, 국선전담 변호사에 대해 알아보자.

① 국선변호인: 형사소송 사건에서 피고인에게 변호사가 없고, 법이 정한 일정한 요건에 해당할 경우 국가에서 선임해주는 변호인

② 피해자 국선변호사: 성폭력 범죄 또는 아동학대 범죄의 피해자에게 국가가 선임해주는 변호사

③ 국선전담 변호사: 앞서 말한 국선변호 사건만을 전담하며 다른 사건은 취급하지 않는 변호사

피고인을 위한 국선변호인, 피해자를 위한 국선변호사, 국선 사건만을 전담하는 국선전담 변호사 등의 공통점은 국가에서 피고인이나 피해자를 위해 변호사를 선임하고 비용을 지급한다는 점이다.

로스쿨 제도 도입 이후 변호사 숫자가 기하급수적으로 늘면서 변호사들의 사건 수임 경쟁은 날이 갈수록 치열해지고 있다. 서울지방변호사회에 따르면, 2018년 기준 변호사 1인당 월평균 사건 수임 건수는 1.2건에 불과하다.

과거에는 사무장들이 알아서 사건을 수임해오는 경우가 많아서 특별한 영업 활동이 필요없었던 때도 있었지만, 지금은 변호사들이 직접 영업을 위한 다양한 활동을 해야만 한다. 수임료 액수를 낮추는 출혈경쟁을 벌이기도 하며, 생계를 걱정하는 변호사들에 대한 뉴스도 종종 보게 된다.

이와 같은 과도한 경쟁을 피하고, 변호사 개인의 적성과 향후 진로 방향 등을 고려하여 국선변호사의 길을 가고자 지원하는 변호사 숫자가 갈수록 늘고 있다. 또한 최근 TV 드라마나 영화 속 장면에서도 국선변호사가 자주 등장해, 대중들의 관심도 높아지고 있다. 이 장에서는 국선변호사의 종류와 역할, 지원과정 등에 대해 자세히 알아보도록 하자.

Q & A

국선변호인은
누구인가요?

국선변호인에 대해 설명하기 전에 '변호사'와 '변호인'이 어떻게 다른지 먼저 알아보자. 변호사는 직업 또는 자격을 의미하는 것이고, 변호인은 형사소송에서 피의자나 피고인의 변호를 담당하는 자를 일컫는 말이다.

변호인이라는 말은 형사소송에서만 쓰며, 민사소송이나 행정소송 등에서는 '대리인'이라 부른다. 쉽게 말하면 변호사라는 말은 직업을 강조하는 느낌인 데 반해, 변호인 또는 대리인은 역할을 강조하는 호칭이다.

국선변호인 제도란, 형사소송 사건에서 피고인에게 선임한 변호사가 없을 때 국가에서 변호인을 선임해주는 것을 말한다. 선임한 변호사가 없다고 해서 모든 피고인에게 전부 국선변호인을 선임해 주지는 않는다. 그렇다면 어떤 경우에 국선변호인을 선임해 줄까? 「형사소송법」은 세 가지 유형의 국선변호인에 대해 규정하고 있다.

첫 번째는, 피고인이 원하지 않을 때에도 반드시 국선변호인을 선임해야 하는 경우로, ① 피고인이 구속된 때, ② 피고인이 미성년자인 때, ③ 피고인이 70세 이상인 때, ④ 피고인이 농아자인 때, ⑤ 피고인이 심신장애의 의심이 있는 때, ⑥ 피고인이 사형,

무기 또는 단기 3년 이상의 징역이나 금고에 해당하는 사건으로 기소된 때이다(「형사소송법」 제33조 제1항).

두 번째는, 피고인의 청구를 근거로 하여 국선변호인을 선정하는 경우이다. 법원은 피고인이 빈곤 그 밖의 사유로 변호인을 선임할 수 없는 경우에 피고인의 청구가 있는 때에는 변호인을 선정하여야 한다(「형사소송법」 제33조 제2항).

세 번째는, 법원이 재량으로 국선변호인을 선정할 수 있는 경우로서, 법원은 피고인의 연령·지능 및 교육 정도 등을 참작하여 권리 보호를 위하여 필요하다고 인정하는 때에는 피고인의 명시적 의사에 반하지 아니하는 범위 안에서 변호인을 선정하여야 한다(「형사소송법」 제33조 제3항).

「형사소송법」에 이와 같은 국선변호인 제도를 둔 이유는 빈곤, 미성년, 고령, 장애 등으로 변호인을 선임할 수 없거나 중한 죄를 지은 것으로 기소된 경우 법원의 판단을 더욱더 신중하게 하고 피고인의 이익을 두텁게 보호하기 위해서이다.

Q & A

국선전담 변호사는
어떻게 하면 될 수 있나요?

국선전담 변호사란, 앞에서 말한 국선변호 사건만을 전담하며 다른 사건은 취급하지 않는 변호사를 말한다. 법원은 기간을 정하여 해당 법원의 관할구역 안에 사무소를 둔 변호사 중에서 국선변호를 전담하는 변호사를 지정할 수 있다.

2004년도에 시작되어 2006년부터 전국적으로 시행되고 있는 제도로서 처음에는 국선 변호 전담계약을 체결하는 방식이었으나, 2007년부터는 위촉의 형식으로 지정하고 있다. 위촉 기간이 2년이기에 2년마다 재위촉을 받아야 한다.

재위촉은 2회에 한하여 가능하고, 6년 이후에도 다시 국선전담 변호사로 활동하고 싶으면 신규 선발 절차에 지원해야 한다. 2019년 12월에 게시된 지원공고에 따르면, 국선전담 변호사에게 배당되는 사건 수는 월 20~35건 사이이며, 해당 법원 사정에 따라 사건이 부여된다.

국선변호인이므로 피고인은 수임료를 부담할 필요가 없고, 국선전담 변호사의 보수는 국가가 지급한다. 국선전담 변호사의 보수는 신규 국선전담 변호사의 경우 월 600만 원이며, 1회 재위촉 후는 월 700만 원, 2회 재위촉 후는 월 800만 원으로 인상된다. 국

선전담 변호사들이 함께 근무할 수 있는 공동 사무실을 무상으로 제공하며, 사무실 운영비로 월 60만 원을 별도로 지원한다.

국선전담 변호사 지원 신청은 인터넷 접수만 시행하며, 대한민국 법원 홈페이지(http://www.scourt.go.kr)의 '대국민 서비스-새소식-국선전담변호사 지원 공고'를 참고하여 국선전담변호사 지원시스템 홈페이지(http://guksunjs.scourt.go.kr)에 접속하여 접수하면 된다.

Q & A

피해자 국선변호사는 뭐예요?

'피해자 국선변호사' 제도는 성폭력 범죄 또는 아동학대 범죄의 피해자에게 형사 절차에서 변호사의 도움을 받을 수 있도록 국선변호사를 선임해주는 제도로 2012년 3월부터 시행되고 있다. 성폭력 범죄와 아동학대 범죄의 피해자에게만 해당하고 다른 범죄의 피해자에게는 국선변호사가 선임되지 않는다.

유사한 명칭의 '국선변호인' 제도와 혼동될 수 있지만, 국선변호인 제도와는 확연히 다르다. 국선변호인은 피고인을 변호하는 사람이고, 피해자 국선변호사는 피해자를 변호하는 사람이다. 비슷한 역할로는 일반 형사 사건에서 변호사가 고소 대리를 하는 것과 비슷하지만 고소 대리의 경우보다는 형사 절차상 권한 범위가 훨씬 넓다. 피해자 국선변호사의 역할 및 권한에 대해 구체적으로 살펴보면 다음과 같다.

첫째, 검사 또는 사법경찰관이 피해자에 대해 피해 사실을 조사할 때 함께 참여하여 의견을 진술할 수 있다. 성폭력 범죄를 당한 피해자의 심리는 거의 공황에 가까워 피해 사실을 제대로 진술하기 어렵고, 아동학대 범죄의 피해자는 아직 미숙하여 자신이 당한 피해를 제대로 알리기 어려운 점을 고려한 것이다. 미리 피해자를 만나 사건의 경위를 들은 후에 이를 바탕으로 검사 또는 사법경찰관의 조사에 임하는 것이 좋다.

둘째, 피해자 국선변호사는 피의자에 대한 구속 전 피의자 심문, 증거보전절차, 공판준비기일 및 공판절차에 출석하여 의견을 진술할 수 있고 서면으로 의견을 제출할 수도 있다. 피해자들은 피의자나 피고인이 제대로 된 처벌을 받아야 조금이나마 심리적 피해가 복구될 수 있다. 자칫 피해자 없이 진행되는 재판에서 사실관계나 법리가 왜곡되어 무죄판결이나 가벼운 형이 나오는 것을 방지하기 위해서는 피해자 국선변호사의 적극적인 활동이 있어야 한다.

셋째, 피해자 국선변호사는 소송계속 중의 관계 서류나 증거물을 열람하거나 복사할

수 있으며, 형사 절차에서 피해자의 대리가 허용될 수 있는 모든 소송행위에 대한 포괄적인 대리권을 가진다.

민사소송에서는 원고와 피고가 직접 재판에 참여하여 적극적으로 자신의 주장을 펼칠 수 있지만, 형사재판에서는 검사와 피고인이 주체가 될 뿐 피해자의 의견이나 주장은 무시될 가능성이 크다. 이를 방지하고 보완하기 위해 피해자 국선변호사 제도가 도입되었다. 향후 성폭력 범죄 및 아동학대 범죄 외 다른 범죄에도 확대하여 시행할 필요가 있다고 본다.

변호사 합격 후
취업 과정

현행법상 어렵게 법학전문대학원을 졸업하고 변호사시험에 합격하더라도 곧바로 변호사로 개업하여 일하거나 법무법인, 법무법인(유한) 및 법무조합의 구성원이 될 수는 없다. 「변호사법」제21조의 2 제1항에 다음 표와 같은 조항이 있어서다.

「변호사법」제21조의 2 제1항

제4조 제3호에 따른 변호사는 통산(通算)하여 6개월 이상 다음 각호의 어느 하나에 해당하는 기관 등(이하 "법률사무종사기관"이라 한다)에서 법률사무에 종사하거나 연수(제6호에 한정한다)를 마치지 아니하면 단독으로 법률사무소를 개설하거나 법무법인, 법무법인(유한) 및 법무조합의 구성원이 될 수 없다. 다만, 제3호 및 제4호는 통산하여 5년 이상 「법

원조직법」 제42조 제1항 각 호의 어느 하나에 해당하는 직에 있었던 자 1명 이상이 재직하는 기관 중 법무부장관이 법률사무에 종사가 가능하다고 지정한 곳에 한정한다.

1. 국회, 법원, 헌법재판소, 검찰청
2. 「법률구조법」에 따른 대한법률구조공단, 「정부법무공단법」에 따른 정부법무공단
3. 법무법인, 법무법인(유한), 법무조합, 법률사무소, 「외국법자문사법」 제2조 제9호에 따른 합작 법무법인
4. 국가기관, 지방자치단체와 그 밖의 법인, 기관 또는 단체
5. 국제기구, 국제법인, 국제기관 또는 국제단체 중에서 법무부장관이 법률사무에 종사가 가능하다고 지정한 곳
6. 대한변호사협회

변호사시험 합격 후 법무법인, 법무법인(유한) 및 법무조합의 구성원이 되려면 위와 같은 수습 기간이 필요하지만, 구성원이 아닌 피고용 변호사가 되는 데에는 제한이 없다.

법무법인, 법무법인(유한) 및 법무조합에 피고용 변호사로 취업한 변호사들은 위 6개월의 실무수습 기간을 거쳐 정식 변호사로 취업하는 경우가 많다. 따라서 처음부터 수습 사무실을 신중하게 검토하여 지원하는 것이 바람직하다.

채용은 대부분 서류전형 합격자들만 면접을 진행하는 방식으로 이루어진다. 법무법인들의 수습변호사 채용 시 필요한 제출 서류는 법무법인에 따라 다르지만, 다

음 표를 참고하여 미리 준비해두면 좋겠다.

제출 서류

1. 대학교 성적표

2. 법학전문대학원 졸업증명서

3. 법학전문대학원 성적표

4. 이력서

5. 자기소개서

6. 직접 작성한 법률서면(선택)

7. 변호사시험 성적표 및 합격증명서

꿈을 향해
뛰어보자!

2

변호사 생활 속으로

변호사가
되기 위한 시작

변호사시험 합격 후 판사나 검사가 되기보다는 변호사가 되고자 결정한 경우, 그 다음엔 어떤 사무소에서 일할지를 정해야 한다. 혼자서 사무실을 마련하여 개업 변호사가 될 수도 있고, 법무조합이나 법무법인(로펌)에 취업할 수도 있다.

「변호사법」은 변호사가 운영할 수 있는 사무소를 다음과 같이 4가지 종류로 나누어 규정하고 있는데, 설립을 위한 최소한의 구성 변호사 수 및 책임의 범위 등이 다르다. ① 법률사무소: 변호사 개인이 단독으로 설립하는 사무소, ② 법무법인: 변호사 3인 이상으로 구성된 사무소, ③ 법무법인(유한): 변호사 7인 이상으로 구성된 사무소, ④ 법무조합: 변호사 7인 이상으로 구성된 사무소.

통상 위 ②③④의 사무소 형태를 로펌(Law Firm)이라 부르며, 규모가 큰 대형 로펌부터 중·소형 로펌까지 다양하다. 대형 로펌 소속 변호사들은 국제통상, M&A, 특허, 공정거래, 조세 등으로 세분된 각자의 전문 분야 업무를 주로 수행하며 전문성을 더욱 키워나간다. 반면, 소규모 로펌이나 1인으로 구성된 개인법률 사무소 변호사는 다방면의 업무를 소화하며 다양한 경험을 하게 된다.

대형 로펌 소속 변호사들은 상대적으로 소득이 높지만, 야근도 많고 주말에도 출근해서 일하는 경우가 많다. 개인법률사무소 변호사는 어느 정도 사건 처리 일정을 조율하여 개인 시간을 확보할 수 있는 장점이 있다. 이런 점들을 심사숙고하여 어떤 변호사가 될 것인지 진로를 정하는 것이 좋다. 이 장에서는 개업 변호사로 시작하는 경우 사건 수임 방법과 광고, 인맥 관리를 알아보고, 국제 변호사가 무엇인지, 변호사에 대한 정보는 어디서 얻는지 등에 대해서도 알아보도록 하자.

Q&A

사건 수입은
어떻게 하나요?

앞서 소개한 여러 형태의 변호사 분야 중 '개업 변호사'를 택해서 개업했다면, 사건을 수임해야 한다. 새내기 변호사는 누구를 어떻게 만나 사건을 수임해야 할지 막막할 수 있다. 특히 사회 활동 경력 없이 이제 막 법학전문대학원을 졸업한 경우는 더욱더 그러할 것이다.

우선 사건을 수임하기 위해서는 주변에 적극적으로 개업 사실을 알려야 한다. 기본적으로 명함을 제작하여 만나는 사람마다 전달하며 홍보를 한다. 또한 일가친척이나, 친구, 지인에게도 개업 사실을 적극적으로 알릴 필요가 있다.

적극적으로 영업하는 변호사들은 평소에 관심이 없던 학교 동창 모임이나, 친목회, 교회 등 종교행사에도 적극적으로 참여하며 사람들을 만날 기회를 자주 만들기도 한다. 또 사무실 홈페이지나 블로그를 개설하여 홍보하기도 한다.

여러 분야에서 공익활동을 하는 것 또한 사건 수입에 도움이 된다. 변호사는 의무적으로 일정 시간 이상 무료 법률상담 등의 공익활동을 해야 하는데 그 과정을 통해서 사건을 수임하기도 한다. 무료 법률상담을 하며 그중 간단한 법률 조언으로 끝날 수 있는 사건은 상담으로 종결하고, 추가적인 소송 등이 필요한 경우는 필요한 과정을 설명한 후 사건을 수임하는 형식이다.

개업 후 어느 정도 시간이 흐르고 사건 수임을 몇 건 이상 하게 되면, 그 후로는 사건을 의뢰했던 사람들이 다시 의뢰하는 사건과 그들이 지인에게 소개해서 들어오는 사건의 비율이 전체 사건의 상당 부분을 차지하게 된다. 따라서 수임한 사건 하나하나와 의뢰인 한 명 한 명에게 모두 최선을 다하는 자세를 항상 유지해야 한다.

변호사 광고는
자유롭게 할 수 있나요?

변호사 사무실을 운영하다 보면 사건 수임을 위해 자신을 알리는 광고 방법이 무엇이 있을지 진지하게 고민하게 된다. 그러나 변호사라는 직업 특성상 다른 업종처럼 광범위한 광고를 하기란 불가능하다.

현행법 규정상 변호사 광고에 대한 제한이 다른 업종보다 많은 편이기 때문이다. 변호사라는 직업은 판사, 검사와 더불어 법조 삼륜이라 불릴 만큼 다른 직업보다 공적인 성격이 짙고, 수행하는 업무를 고려할 때 수임 과정 또한 품위를 유지해야 하기 때문이다.

「변호사법」 제23조(광고)에 의해 직접 제한되는 광고는 다음과 같다.

① 변호사의 업무에 관하여 거짓된 내용을 표시하는 광고

② 국제 변호사를 표방하거나 그 밖에 법적 근거가 없는 자격이나 명칭을 표방하는 내용의 광고

③ 객관적 사실을 과장하거나 사실의 일부를 누락하는 등 소비자를 오도(誤導)하거나 소비자에게 오해를 불러일으킬 우려가 있는 내용의 광고

④ 소비자에게 업무수행 결과에 대하여 부당한 기대를 하도록 하는 내용의 광고

⑤ 다른 변호사 등을 비방하거나 자신의 입장에서 비교하는 내용의 광고

⑥ 부정한 방법을 제시하는 등 변호사의 품위를 훼손할 우려가 있는 광고

⑦ 그 밖에 광고의 방법 또는 내용이 변호사의 공공성이나 공정한 수임(受任) 질서를 해치거나 소비자에게 피해를 줄 우려가 있는 것으로서 대한변호사협회가 정하는 광고

대한변호사협회는 위 ⑦의 위임에 따라 「변호사 업무 광고 규정」을 제정해 변호사 광고를 제한하고 있는데, 주목해서 살펴볼 만한 주요 내용은 다음 표와 같다.

「변호사 업무 광고 규정」상 광고 금지 행위 중 일부

· 현재 및 과거의 의뢰인, 친구, 친족 및 이에 준하는 사람 이외의 사람을 방문하거나 전화를 거는 방법

· 불특정한 다수에게 팩스, 우편, 전자우편 또는 문자메시지 등을 보내거나 이에 준하는 방법

· 자동차, 전동차, 기차, 선박, 비행기 기타 운송수단의 내·외부에 광고물을 비치, 부착, 게시하는 행위

· 현수막을 설치하거나, 애드벌룬, 도로 상의 시설 등에 광고물을 비치, 부착, 게시하는 행위

· 광고 전단, 명함 기타 광고물을 신문 기타, 다른 매체에 끼워 배포하거나, 공공장소에서 불특정 다수인에게 나누어 주거나, 차량, 비행기 등을 이용하여 살포하거나 불특정 다수에게 제공하기 위하여 옥내나 가로 상에 비치하는 행위

· 확성기, 샌드위치맨, 어깨띠 등을 사용하여 광고하는 행위

· 기타 위 각호의 1에 준하는 변호사의 품위를 손상하는 광고방법으로서 별도의 세부기준이 정하는 광고

위 내용만 보더라도, 변호사 업종의 광고 제한이 다른 업종에 비해 매우 엄격함을 알 수 있다. 이러한 광고 제한 규정 때문에 자유롭게 광범위한 광고를 할 수 없는 점이 답답하게 느껴질 수도 있지만, 과열된 광고 경쟁으로 인한 불필요한 지출을 막고 공정한 수임을 하게 만드는 긍정적인 면도 있다. 광고 제한 규정들을 위반할 경우 징계위원회에 회부되어 불이익을 받을 수 있으니, 미리 숙지하고 조심할 필요가 있다.

Q&A

인맥이 중요하다던데,
인맥은 어떻게 관리해요?

인맥이란 "정계, 재계, 학계 따위에서 형성된 사람들의 유대"를 뜻한다.*
어느 지역에서나 사람들과 친밀한 관계를 유지하는 것은 직업이나 사회 활동에 도움이 된다. 변호사도 마찬가지로, 평소에 많은 사람과 좋은 관계를 유지해온 경우 지인들의 소개를 받고 찾아오는 의뢰인도 많기 때문이다.

하지만 인맥 관리를 위해 굳이 부자연스러운 인간관계를 만들고, 또 그것을 유지하고 관리하기 위해 과도한 시간과 비용을 들일 필요는 없다. 일부 변호사들은 인맥을 만들기 위해 모 대학교 대학원에 등록하여 동문과 친분을 쌓기도 하지만, 시간과 비용을 고려할 때 바람직해 보이지는 않는다.

한편, 「변호사법」 제30조는 "변호사나 그 사무직원은 법률사건이나 법률사무의 수임을 위하여 재판이나 수사업무에 종사하는 공무원과의 연고(緣故) 등 사적인 관계를 드러내며 영향력을 미칠 수 있는 것으로 선전하여서는 아니 된다."라고 규정함으로써 변호사들이 판사 또는 검사와 학연·지연 등의 인맥을 선전하며 사건을 수임하는 것

---

* 국립국어원 발행 「표준국어대사전」 참조.

을 금지하고 있다. 사사로운 정이나 관계에 끌리는 정실주의를 방지하기 위함이다.

실제로 대부분의 판사와 검사들은 지인이 변호사로 수임된 사건을 맡게 되면, 괜한 오해를 받지 않기 위해 다른 사건들보다 그 사건을 더욱더 엄격하고 공정하게 다룬다고 한다. 상대가 나에게 연락하는 이유가 의도된 인맥 관리에 불과하다는 느낌을 받는다면 오히려 역효과가 날 수도 있다. 최선의 인맥 관리는 다가오는 인연 모두에게 겸손한 자세로 마음을 다해 친절을 베푸는 것이다.

Q & A

국제 변호사로 진출하려면
어떻게 해야 하나요?

'국제 변호사'라는 말은 흔히 잘못 쓰이는 용어 중 하나다. 법률적으로 국제 변호사라는 말은 없으며, 한국 변호사가 외국과 관련된 사건을 처리한다고 해서 국제 변호사라 부르지도 않는다.

만일 우리나라 변호사가 다른 나라의 변호사 자격도 취득한 경우라면, 한국 변호사이면서 동시에 외국 변호사이지 국제 변호사가 되는 건 아니다. 국내 변호사 자격이 없는 외국 변호사가 대한민국 내에서 변호사라는 명칭을 사용하여 법률사무를 시행하면 「변호사법」에 따라 처벌된다.

외국 변호사가 법무부 장관에게 자격승인을 받아 대한변호사협회에 등록을 거친 경우 '외국법자문사'가 될 수는 있다. '외국법자문사'는 국내에서 다음과 같은 사무를 처리할 수 있다.
① 원자격국의 법령에 관한 자문
② 원자격국이 당사국인 조약 및 일반적으로 승인된 국제관습법에 관한 자문
③ 국제중재 사건의 대리
다만, 대한민국 법령에 관한 사무는 제외한다.

아무 나라에서나 만능으로 통하는 국제 변호사는 존재하지 않는다. 다만 우리나라 외에 다른 나라의 변호사 자격까지 취득한 경우 대형 로펌의 선호 대상이 되어 취업에 유리하다. 국제통상이나 국제중재 사건 등을 수임하기도 수월할 것이다.

만일 외국 변호사 자격도 취득하고 싶다면, 목표로 하는 나라의 변호사 자격 취득과정에 대한 정보를 꼼꼼히 점검한 후 도전해 보기를 추천한다.

Q & A

변호사에 대한 정보는
어디서 얻나요?

변호사에 대한 다양한 정보를 얻을 수 있는 대표적인 곳은 대한변호사협회(http://www.koreanbar.or.kr)와 서울지방변호사회(https://www.seoulbar.or.kr)이다. 변호사에게 필요한 각종 법령과 법조 뉴스, 판례 소식 등을 접할 수 있다.

변호사를 구한다는 구인광고, 취업을 원하는 구직광고 등의 취업 정보도 다양하게 올라와 있고, 개업 변호사를 위한 사무실 정보, 연수 교육 정보, 회원 간의 경조사 안내 등 각종 정보를 얻을 수 있다.

일반 시민들의 입장에서는 변호사 검색란을 통해 변호사에 대한 정보를 얻을 수 있으며, 회원들은 회원 전용 게시판을 통해 더욱 자세한 법조인 정보를 얻을 수 있다. 또한 각종 증명원을 신청하고 발급받을 수도 있다.

재판 진행
절차와 예절

변호사가 되면 일하는 사무실만큼이나 자주 드나들어야 하는 곳이 바로 법원이
다. 법원 내에는 수많은 법정이 있는데, 재판이 열릴 때마다 법정이 달라질 수 있
으므로 출석하기 전에 몇 층 몇 호실인지 확인하고 가는 것이 좋다. 사건의 관할
에 따라 지방법원으로 출장을 가는 일도 많다.

민사소송, 형사소송 등의 재판이 어떻게 진행되는지는 법학전문대학원(로스쿨)에
서 자세하게 배우게 될 테지만, 그 전에 변호사 직업에 관심 있는 독자들은 이 장
에서 민사소송 및 형사소송의 재판 진행 절차를 미리 알아본 후, 직접 법정에 가
서 방청해보는 것도 큰 도움이 될 것이다.

우리나라 법정의 재판은 재판장의 특별한 지시가 없는 한 방청이 자유롭게 허용
된다. 단, 재판장의 허가 없이 녹음이나 녹화, 촬영, 중계방송 등을 하는 것은 금지
되어 있으므로 주의를 필요로 한다. 「법정 방청 및 촬영 등에 관한 규칙」 제3조는
재판장에게 일정한 행위를 제지하거나 또는 퇴정을 명할 수 있는 권한을 부여하
고 있다.

위에서 언급한 녹음이나 녹화, 촬영 행위뿐만 아니라 음식을 먹거나 흡연을 하는 행위, 법정에서 떠들거나 소란을 피우는 등 재판에 지장을 주는 행위 역시 금지된다.

변호사들이 법정에 출석하여 자리에 앉을 때 원고 측과 피고 측 좌석이 다르며, 판사가 입장할 때 지켜야 할 예절 등이 있다. 사소하지만 모르고 실수하거나 깜박 잊는 일이 없어야겠다. 이 장에서는 민사소송, 형사소송 재판절차에 대해 살펴보고, 변호사의 법정 출석 복장이나 법정 예절 등에 대해서 자세히 알아보기로 한다.

Q & A

민사소송 재판절차는 어떻게 진행되나요?

민사소송 재판절차에 대해 대략 설명하면 다음과 같다.

① 민사소송은 원고가 소장을 법원에 제출함으로써 개시된다.

② 소장이 법원에 제출되면 법원에 근무하는 사무관 등 법원 직원은 피고에게 소장 부본을 송달한다.

③ 소장부본을 받은 피고는 30일 이내에 답변서를 법원에 제출해야 한다.

④ 피고가 답변서를 제출하면, 재판장이 사건기록을 검토하여 처리 방향을 결정한다. 재판장은 가능한 최단기간 안의 날로 제1회 변론기일(원고 피고가 법정에 출석하여 재판장 앞에서 변론하는 날)을 지정하여 양쪽 당사자가 법관을 조기에 대면할 수 있도록 한다.

⑤ 쟁점정리기일과 증인신문 등 필요한 증거조사를 하는 집중증거조사기일이 진행된다.

⑥ 변론 종결 후 판결을 선고하여 소송이 종결된다.

위 과정을 정리하면 다음의 그림과 같다.*

* 대한민국 법원 전자민원센터(https://help.scourt.go.kr) 참조.

〈민사소송 재판절차〉

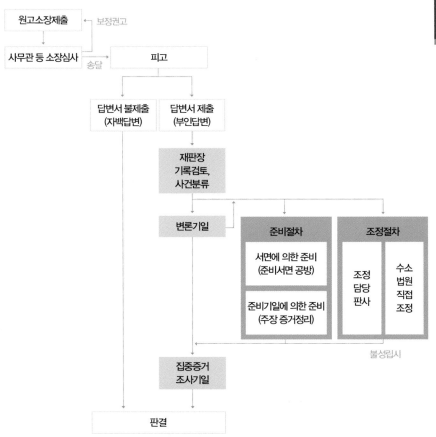

Q & A

형사소송 재판절차는 어떻게 진행되나요?

형사소송절차는 검사의 공소 제기를 기준으로 '기소 전 단계'와 '기소 후 단계'로 나뉜다.

① 기소 전 단계란, 검사의 구속영장 청구부터 공소 제기까지의 단계로서 검사의 구속영장 청구, 청구된 구속영장에 대한 실질심사, 체포 또는 구속의 적법 여부에 대한 체포·구속적부 심사 청구가 있다.

② 기소 후 단계는, 검사의 청구에 따라 구공판(정식재판 청구)과 구약식(약식명령을 청구)으로 나뉘고, 임의절차로서 공판 준비절차가 마련되어 있으며, 변론 종결 시까지 배상명령 청구와 보석청구가 가능하다. 위 과정을 정리하면 다음 오른쪽 그림과 같다.*

---

* 대한민국 법원 전자민원센터(https://help.scourt.go.kr) 참조.

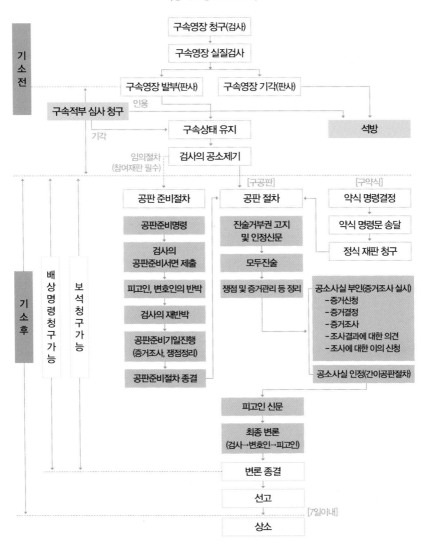

〈형사소송 재판절차〉

구속영장 청구(검사)

구속영장 실질검사

구속영장 발부(판사)　　구속영장 기각(판사)

기소전

구속적부 심사 청구

인용

기각

구속상태 유지

석방

임의절차
(참여재판 필수)

검사의 공소제기

[구공판]

[구약식]

공판 준비절차

공판 절차

약식 명령결정

공판준비명령

진술거부권 고지
및 인정신문

약식 명령문 송달

검사의
공판준비서면 제출

모두진술

정식 재판 청구

피고인, 변호인의 반박

쟁점 및 증거관리 등 정리

공소사실 부인(증거조사 실시)
- 증거신청
- 증거결정
- 증거조사
- 조사결과에 대한 의견
- 조사에 대한 이의 신청

검사의 재반박

공판준비기일진행
(증거조사, 쟁점정리)

기소후

배상명령청구가능

보석청구가능

공판준비절차 종결

공소사실 인정(간이공판절차)

피고인 신문

최종 변론
(검사→변호인→피고인)

변론 종결

선고

[7일이내]

상소

Q & A

일할 때 입는 복장이나
지켜야 할 예절이 따로 있나요?

재판이나 상담 등의 일정이 없어서 사무실에서만 근무할 때에는 간편한 복장으로 근무해도 무방하다. 그러나 변호사라는 직업 특성상 언제 어디에서 갑자기 무슨 일이 생길지 모르기 때문에 웬만하면 복장은 갖춰 입고 출근하는 것이 마음 편하다.

법원에 갈 때나 의뢰인을 만날 때는 예의를 갖춘 복장이 좋다. 계절별로 무난한 정장을 몇 벌씩 미리 마련해놓고 번갈아 입으면 특별히 옷에 신경 쓸 일은 없다.

새내기 변호사가 되어 처음으로 법원에 출석할 때는 몇 가지 미리 알고 가야 할 점이 있다. 즉, 민사소송에서 양측 변호사 좌석은 재판관이 앉는 법대를 마주하도록 배치되어 있는데, 법대를 마주 보는 방면에서 왼쪽이 원고 측 변호사 좌석이고, 오른쪽이 피고 측 변호사 좌석이다. 맨 처음 법원에 갔던 날 자리를 잘못 앉는 바람에 당황하여 얼굴이 붉어졌던 기억이 난다.

또 하나 잊지 말아야 할 점은 미리 좌석에 앉아 있다가도 재판관이 입장하면 방청객과 변호사들은 일제히 잠시 일어나 가볍게 묵례를 한 후, 재판관이 자리에 앉은 다음 자리에 앉아야 한다는 것이다. 이때 재판관도 방청석을 향해 묵례를 한다. 이런 관행

은 판사 개인에게 표하는 예의가 아니라 사법부에 대한 존중의 의미이며, 재판 시작 전 분위기를 정돈하는 의미도 포함하고 있다.

변호사 업계의
동향

최근 변호사 업계 동향 중 하나는 '○○전문변호사'라는 전문성을 강조하는 변호사가 급속도로 많아지고 있다는 것이다. 언론 보도에 따르면, 2019년 현재, 대한변호사협회에 전문변호사로 등록한 변호사 숫자는 3년 사이 2.4배 증가했다.

과거에는 특정 분야를 전문 영역으로 강조하여 홍보할 경우 다른 분야의 사건 수임에 어려움이 있을 수도 있기에 '○○전문변호사'라는 홍보를 많이 하지는 않았다. 그러나 그 후 법학전문대학원(로스쿨) 도입으로 변호사 업계 경쟁이 가속화되어 사건 수임이 어려워지자, 전문성을 강조해 사건을 수임하려는 변호사가 많아진 것이다.

전문변호사로 등록하려면, 법조 경력 3년 이상이어야 한다. 61개 분야에서 최대 2개를 선택해 전문 분야로 인정해달라고 대한변호사협회에 신청할 수 있다. 신청을 받은 대한변호사협회는 해당 분야 사건 수임 건수와 관련 교육 이수 내용, 학위 소지 여부 등을 심사하여 요건에 합당할 경우 전문변호사로 등록해주고 있다.

분야별로 살펴보면, 형사 분야가 가장 인기가 많고, 이혼 분야의 전문변호사도 큰 폭으로 늘어나고 있다. 2018년 12월 현재 형사법 전문변호사가 425명으로 가장 많다. 뒤이어 가사법 238명, 이혼 218명, 부동산 195명 순이다. 전문변호사가 단 한 명씩 있는 분야는 법인세·관세·무역·스타트업 분야이다.

이 장에서는 최근의 이슈인 전문변호사 제도에 대해 알아보고, 여성 변호사 숫자가 갈수록 늘어나고 있는 상황에서 실제 여성 변호사들에 대한 차별이 있는지, 기업체의 사내 변호사로 발길을 돌려 기업의 내부에서 법률 업무를 수행하고 있는 변호사들은 주로 어떤 일을 하는지, 법조계 고질병으로 수시로 회자하는 전관예우란 무엇이며, 전관예우를 근절하기 위한 최근의 대책과 동향은 어떠한지 등에 관해 살펴보고자 한다.

Q & A

'전문변호사'는
누가 될 수 있나요?

주변에서 흔히 '○○전문변호사'라는 광고 문구나 소개를 많이 보았을 것이다. 의뢰인들은 자신의 사건과 비슷한 사건을 많이 다루어본 변호사를 선호한다. 그만큼 전문 지식도 있고 사건을 다루어 본 경력도 많아서 승소확률이 높을 것으로 믿기 때문이다. 변호사들 또한 자신이 많이 경험해서 익숙한 분야의 사건에 대해 전문변호사로 광고하고 해당 분야의 사건을 주로 다루고 싶어 한다.

대한변호사협회는 위와 같은 전문변호사 제도의 수요를 인정하여 2009년 11월부터 「변호사 전문분야 등록에 관한 규정」을 제정하여 시행하고 있다. 변호사는 자신의 전문 분야를 2개까지 등록할 수 있다. 등록이 가능한 분야는 2019년 7월 현재 총 61개이며, 민사법, 부동산, 건설, 재개발, 의료, 교통사고, 인수합병, 보험, 이혼, 증권, 스타트업, 학교폭력 등 다양하다.

전문 분야의 등록은 다음의 요건을 모두 충족하여야 한다.
① 해당 변호사의 법조 경력이 3년 이상일 것
② 해당 변호사가 전문 분야의 등록신청 전 최근 3년 내에 대한변호사협회가 인정하는 연수 또는 해당 전문 분야 관련 교육을 14시간 이상 이수하였을 것

③ 해당 변호사가 전문 분야의 등록신청 전 최근 3년 내에 전문 분야별 요구되는 사건수임 건수 이상의 사건을 수임하였을 것

「변호사 업무 광고 규정」 제7조에 따르면 변호사가 '전문'이라는 표시를 사용하여 광고하고자 할 경우에는, 「변호사 전문분야 등록에 관한 규정」에 따라 전문 분야를 등록하여야만 한다. 변호사 경력이 일정 기간 쌓이면 전문 분야를 등록해서 활용하는 것도 바람직하다.

여성 변호사라서 차별을 받기도 하나요?

스위스에 있는 세계경제포럼(WEF)이 2019년 12월에 발표한 「2019 글로벌 성(性) 격차 보고서」에 따르면 한국은 전체 153개국 중 108위에 머물러 여전히 성 격차가 큰 국가에 속한다.

이와 같은 우리나라의 성 불평등 문화가 변호사 업계에서는 어떤 양상으로 나타날까? 평등주의를 천명하고 있는 헌법과 근로기준법 등 각종 법률을 잘 알고 있는 직업이니만큼 차별이란 존재하지 않는 걸까?

법무부에서 펴낸 『2020 법무 연감』에 따르면, 최근 6년간 시행된 변호사시험의 성별 응시 및 합격 현황은 다음 표와 같다. 2016년을 제외한 모든 해에서 여성의 합격률이 남성 합격률보다 더 높을 정도로 여성들의 법조계 진출이 활발하게 이뤄지고 있다.

(단위: 명, %)

연도	시험 구분	총계			남자			여자		
		응시자	합격자	합격률	응시자	합격자	합격률	응시자	협격자	합격률
2014	변호사 시험	2,292	1,550	67.62	1,298	869	66.94	994	681	68.51
2015		2,561	1,565	61.10	1,471	893	60.70	1,090	672	61.65
2016		2,864	1,581	55.20	1,668	939	56.29	1,196	642	53.68
2017		3,110	1,593(기준)	51.22	1,720	870	50.58	1,390	723	52.01
			1,600(기준)	51.45	1,720	876	50.93	1,390	724	52.09
2018		3,240	1,599	49.35	1,843	906	49.16	1,397	693	49.61
2019		3,330	1,691	50.78	1,873	935	49.92	1,457	756	50.89

이처럼 여성 변호사 숫자가 늘어나고 있음에도, 아직도 많은 여성 변호사들이 로펌이나 일반 기업에 취업하면서 결혼 여부, 임신, 출산 등을 이유로 성차별을 경험한다고 토로하고 있다. 또한, 여성 변호사들은 취업한 후에도 가사, 육아 및 여성에 대한 편견 등의 이유로 제 실력을 발휘하기가 어려운 환경에 처해 있다.

이런 이유로 여성들은 상대적으로 차별이 적고, 출산휴가나 육아휴직을 자유롭게 사용할 수 있는 판사와 검사를 선호하는 경향을 보인다.

여느 직역과 마찬가지로 남성들은 여성 변호사들에 대한 차별이 존재한다는 사실을 인정하고 받아들이기 어려워한다. 남성들의 시각에서 보면 겉으로 특별히 확연하게 드러나는 차별이 보이지 않기 때문이다.

성차별에 관해 말할 때 항상 등장하는 단어가 '유리천장'이라는 단어이다. 투명해서 없는 것처럼 보이지만 확실히 존재하는 것, 그것이 바로 유리천장 같은 차별이다.

다음은 2019년 8월 12일 자 경향신문의 기사 내용 중 일부이다. 일독 후 차별의 의미에 대해 생각해보자.

여성 변호사 합격률 50% 시대의 그늘

경향신문은 여성 변호사들(48명)에게 업무 중 여성이라는 이유로 차별 대우를 받거나, 차별 대우를 받는 여성을 목격했다면 어떤 종류의 차별을 겪었냐고 물었다. 1위(68.1%·복수응답)는 '결혼·출산·육아 등 때문에 여성은 변호사 업무에 적합하지 않다는 막연한 차별적 인식'이었다. 한 응답자는 "대표(변호사)들에게 여자랑 일하기 힘들다는 얘기를 항상 듣는다"라면서 "늘 여자 변호사라며 타자화(특정 존재를 자신들과 다른 속성을 지닌 존재로 부각하는 것)된다"라고 했다. – 2019년 8월 12일 자 경향신문 보도 내용 중 일부

Q&A

기업체의 사내 변호사는
어떤 일을 하나요?

사내 변호사 취업 과정도 일반 변호사 채용과 마찬가지로 대부분 서류 지원과 면접으로 이루어진다. 성적이나 법률적인 지식도 중요하지만, 지원 회사에 대해 얼마나 알고 있는지 등 회사에 대한 관심도와 열정이 중요한 면접 기준이 되므로 이를 잘 표현할 필요가 있다.

입사 후 대부분 법무팀(명칭은 다를 수 있음)에 배치되어 업무를 하게 되는데, 주된 역할은 계약서 검토 업무이다. 여러 상대방과 체결하는 각종 계약에서 회사에 손해가 날 만한 불리한 조항은 없는지, 「공정거래법」이나 「하도급법」 등 관련 법에 저촉될 염려는 없는지 등을 주로 살펴야 한다.

또한 사내 각 부서에서 들어오는 각종 자문에 답하는 일이 업무량의 많은 부분을 차지한다. 회사와 관련되는 분쟁이 발생하면 소송업무를 맡아 소송을 진행하기도 하고, 중요한 대형 소송 사건의 경우에는 외부 법무법인 등에 위임한 뒤 이를 보조하는 역할도 담당한다.

기업의 사내 변호사로 취업한 변호사 중에는 간혹 다른 직원들과 업무 분야가 달라

소외감을 느끼는 변호사들도 있다. 조직 생활 경험이 없고 공부만 하던 사람들이라서 처음에 적응하는 기간이 다소 힘겨울 수 있다. 더구나 일반 신입 직원과 달리 변호사는 다소 높은 직급으로 채용되는 것이 통상적이기에 일반 직원들의 시기가 있을 수도 있다. 사내 변호사도 결국 회사의 내부 직원이므로 동료 직원들과 화합하고 소통하는 것이 매우 중요하다. 따라서 솔선하여 먼저 다가서는 자세가 필요하다.

전관예우가 무엇인가요?

전관예우란 판사나 검사로 재직하다가 변호사로 갓 개업한 사람에게 법원이나 검찰청에서 제공하는 특혜를 말한다. 다른 변호사들과의 관계에서나 변호사 없이 사건을 진행하는 국민에 비해서 매우 불평등한 관례였다. 당사자들도 이러한 시각을 잘 알고 있기에, 그러한 특혜가 공식적으로 행해지지는 않았고, 암암리에 관행적으로 이루어졌다.

엄밀히 말하면 확연하게 불법적인 특혜를 주기는 어렵다. 단지 합법적인 테두리 안에

서 줄 수 있는 여러 혜택을 주는 것이다. 첨예하게 대립하는 법적 다툼에서 사소한 특혜라도 눈에 띌 수밖에 없고, 더 큰 특혜로 사건에 영향을 주는 건 아닌지 불안할 수밖에 없다.

사건을 의뢰하기 위해 변호사를 구하려는 일반 국민도 전관예우 관행을 이용하기 위해 전관 출신 변호사를 찾아다녀야 했고, 부르는 게 값인 고액의 수임료도 감수할 수밖에 없었다. 이길 수 있는 사건도 상대방 변호사가 전관 출신 변호사일 경우 패소할 수도 있다는 불안감 때문에 더욱더 전관 출신 변호사를 찾는 등 폐단이 극대화되었으며, 법으로 제한해야 한다는 목소리가 높았다.

이를 반영하여 2011년 5월 「변호사법」 제31조(수임 제한) 제3항이 신설되었다. 동 조항에 따르면 법관, 검사, 장기복무 군법무관, 그 밖의 공무원직에 있다가 퇴직하여 변호사 개업을 한 자는 퇴직 전 1년부터 퇴직한 때까지 근무한 법원, 검찰청, 군사법원, 금융위원회, 공정거래위원회, 경찰관서 등의 국가기관이 처리하는 사건을 퇴직한 날부터 1년 동안 수임할 수 없다. 다만, 국선변호 등 공익 목적의 수임과 사건 당사자가 친족인 경우의 수임은 가능하다.

그러나 위 수임 제한 규정을 어길 경우에 형벌로 처벌할 수 있는 법 조항이 없고, 대한변호사협회의 징계 사유에만 해당하기에 실효성에 대한 논란이 있다. 향후 처벌 조항 등에 대한 보완이 필요해 보인다.

사법제도의
이모저모

우리나라는 국가권력의 작용을 입법·행정·사법의 셋으로 나누어 권력 상호 간 견제와 균형을 유지하고 있다. 국가권력의 집중과 남용을 방지하기 위함이다.

광복과 더불어 우리나라 사법제도는 급속한 발전을 거듭하였다. 1948년 7월 17일 「대한민국헌법」이 공포되었고, 「헌법」은 삼권분립 원칙에 따라 사법권의 독립을 보장하였다. 약 1년 2개월 후인 1949년 9월 26일에는 「법원조직법」이 제정되었다. 「헌법」과 「법원조직법」은 법원이 민사소송, 형사소송, 행정소송 등의 법률적 쟁송을 심판하도록 하고, 대법원 외에 고등법원과 지방법원을 두어 3급 3심제가 확립되었다.

2008년 1월부터는 「국민의 형사재판 참여에 관한 법률」이 시행되어 법관 중심의 사법제도에 일반 민간인들도 참여할 기회가 열리게 되었다. 즉, 형사재판에 만 20세 이상의 국민이 참여하여 피고인의 유죄 여부, 형벌의 양정에 관하여 의견을 제시할 수 있게 된 것이다.

최근에는 우리나라의 사법제도와 관련하여 국민의 '법 감정'과 실정법 제도 사이에 다소 갈등이 발생하기도 한다. 예를 들면, 범죄가 점점 흉포해지면서 흉악범들에 대한 변호인 조력권이나 무죄추정 원칙 등이 피해자를 비롯한 선량한 국민의 법 감정과 맞지 않는 경우가 자주 발생하는 것이다.

만 19세 미만인 자를 "소년"이라 정의하며, 범죄를 저지른 소년에 대해서는 성인과 달리 「소년법」을 적용하여 가볍게 처벌하는 것 또한 최근의 국민 정서와 맞지 않아 개정이 논의되고 있다.

이 장에서는 위에서 언급한 3심제도, 국민참여재판, 흉악범들에 대한 변호사 조력권, 청소년 범죄 등등 현재 이슈가 되고 있는 사법제도의 이모저모에 대해 생각해 보기로 한다.

Q & A

3심제도란
무엇인가요?

3심제도는 한 사건을 한 번에 결론 내고 끝내는 것이 아니라, 판결이 억울하다고 생각되는 사람이 상급법원에 다시 재판을 청구할 수 있도록 하는 제도이다. 민사·형사 모두 동일하게 3심제도가 적용되며 심급을 달리할 때마다 재판부 구성원이 달라지기에 다른 시각에서 공정한 재판을 받을 기회를 제공한다.

3심제도는 법원 스스로 잘못된 판결을 바로잡을 기회를 주고, 억울한 사람에게 다시 재판받을 기회를 줌으로써 국민의 자유와 권리를 두텁게 보호하는 역할을 한다.

1심 법원인 지방법원에서의 재판에 불복할 경우는 2심 법원인 고등법원이나 지방법원의 합의부로, 2심 판결에 불복할 경우는 3심 법원인 대법원에 다시 재판을 청구한다. 이때 1심에 불복하여 2심을 청구하는 것을 '항소'라 하며, 2심에 불복하여 대법원으로 청구하는 것은 '상고'라는 용어를 사용한다.

Q & A

국민참여재판은
무엇인가요?

'국민참여재판'이란 배심원이 참여하는 형사재판을 말한다. 「국민의 형사재판 참여에 관한 법률」에 의해 2008년 1월부터 시행되고 있다. 사법의 민주적 정당성과 신뢰를 높이기 위하여 국민이 형사재판에 참여하는 제도를 마련한 것이다. 단, 피고인이 원하지 않거나, 법원이 국민참여재판을 하지 않기로 한 경우에는 국민참여재판을 하지 않는다.

배심원은 만 20세 이상의 대한민국 국민으로 해당 지방법원 관할구역에 거주하는 주민 가운데 무작위로 선정된다. 배심원은 해당 사건에 관하여 사실의 인정, 법령의 적용 및 형의 양정에 관한 의견을 제시할 권한이 있다.

배심원의 유죄·무죄에 대한 평결과 양형에 관한 의견은 '권고적 효력'을 지닐 뿐 법적인 구속력이 없어 판사는 이에 따르지 않아도 된다. 배심원들의 결정에 구속받는 미국의 배심원제도와는 다르다. 다만, 배심원의 평결 결과와 다른 판결을 선고하는 때에는 판결서에 그 이유를 기재하여야 한다.

배심원으로 선정된 사람이 법률에서 규정한 정당한 사유 없이 법원에서 통지한 기일에 출석하지 않으면 200만 원 이하의 과태료가 부과된다. 배심원으로 선정돼 재판에 참여한 사람에게는 법률에서 정한 여비가 지급된다.

법정형이 사형·무기징역 또는 무기금고에 해당하는 대상 사건에 대한 국민참여재판
에는 9인의 배심원이 참여하고, 그 외의 대상 사건은 7인의 배심원이 참여한다.

재판절차는 다음과 같다.
  ① 재판장의 사건 호명과 소송관계인의 출석 확인
  ② 배심원과 예비배심원의 선서
  ③ 재판장의 배심원과 예비배심원에 대한 최초 설명
  ④ 재판장의 피고인에 대한 진술거부권의 고지
  ⑤ 검사의 최초 진술
  ⑥ 피고인의 최초 진술
  ⑦ 재판장의 쟁점정리 또는 검사, 변호인의 주장 및 입증계획 진술
  ⑧ 증거조사
  ⑨ 피고인 신문
  ⑩ 검사의 의견진술
  ⑪ 피고인과 변호인의 최종의견 진술
  ⑫ 재판장의 배심원에 대한 최종설명
  ⑬ 배심원의 평의·평결
  ⑭ 양형에 관한 토의
  ⑮ 판결 선고

Q&A

흉악범들도
변호할 필요가 있나요?

세상을 떠들썩하게 하는 흉악범이 나올 때마다 흉악범에 대한 비난만큼이나 그를 변호하는 변호사에 대한 비난도 많아지고 있다. 고유정 사건을 맡았던 변호사도, 이영학 사건을 맡았던 변호사도 결국 이런 세간의 비난이 부담스러워 사임했다.

사람들은 아무리 돈이 좋다지만 흉악범까지 변호하느냐며 선임된 변호사들을 비난한다. 심지어 사선이 아닌 국선변호인까지 흉악범을 변호한다는 이유 하나만으로 비난의 표적이 되기도 한다.

「헌법」 제12조 제4항은 "누구든지 체포 또는 구속을 당한 때에는 즉시 변호인의 조력을 받을 권리를 가진다. 다만, 형사피고인이 스스로 변호인을 구할 수 없을 때에는 법률이 정하는 바에 의하여 국가가 변호인을 붙인다."라고 규정함으로써 변호인의 조력을 받을 권리를 명문화하고 있다. "누구든지"라는 말에서 볼 수 있듯이 변호인으로부터 조력을 받을 권리는 흉악범에게도 인정된다.

또한, 「변호사 윤리 장전」 제16조(수임 거절 등) 제1항은 "변호사는 의뢰인이나 사건의 내용이 사회 일반으로부터 비난을 받는다는 이유만으로 수임을 거절하지 아니한다."라고 규정하고 있다.

변호사로부터 조력을 받을 권리는 민주사회 및 법치주의 국가의 핵심 요소 중 하나이다. 변호사라는 직업은 공공성을 지닌 법률 전문직이기에 이러한 법치주의의 핵심 요소들을 지키고 수호해야 할 의무가 있다. 너도나도 비난이 두려워 흉악범들에 대한 변호를 포기한다면 우리 사회의 법치 질서가 오히려 혼란에 빠질 수 있다.

화성 연쇄살인 사건 진범 대신 누명을 쓰고 복역했던 윤모 씨, 익산 약촌오거리 사건의 진범 대신 누명을 쓴 최모 씨 등도 사건 당시에는 살인을 저지른 흉악범으로 치부되었었다. 고문에 의한 강압 수사가 근절되어 누명을 쓰고 처벌받는 사례는 많이 줄었지만, 아직도 모든 사건에서 오판의 가능성은 충분히 존재한다.

흉악범이라 손가락질받는 사람들도 충분히 방어권을 행사할 수 있도록 변호인의 조력을 받을 권리를 인정해 주어야 한다. 유죄를 인정한다고 하더라도 피고인에게 유리한 정상참작 요소가 있다면, 이를 소상히 밝혀 과도한 형벌이 내려지지 않도록 하는 것도 변호인의 중요한 역할 중 하나이다.

모든 피의자와 피고인은 무죄추정 원칙에 따라 무죄로 추정되기에 변호인의 조력을 받을 권리를 충분히 보장해 주어야 한다. 검찰과 법원은 증거에 의해 실체적 진실을 찾아내고 죄에 합당한 처벌을 내리도록 최선을 다해야 한다.

Q & A

청소년이 죄를 지으면
어떻게 되나요?

「형법」 제9조는 "14세가 되지 아니한 자의 행위는 벌하지 아니한다."라고 하여 만 14세 미만인 경우 형벌을 부과하지 않고 있다. 그뿐만 아니라 「소년법」 제2조는 19세 미만인 자를 "소년"이라 정의하며, 범죄를 저지른 소년에 대해서는 성인과 다른 「소년법」을 적용한다. 이는 소년의 경우 아직 미성년이기에 사리 판단 능력이 부족할 수 있고, 죄를 지은 후에도 개선의 여지가 많을 수 있다는 법 논리가 반영된 결과이다.

「소년법」 제59조는 "죄를 범할 당시 18세 미만인 소년에 대하여 사형 또는 무기형(無期刑)으로 처할 경우에는 15년의 유기징역으로 한다."라고 규정함으로써 살인 등의 강력 범죄를 저지른 경우에도 나이가 어리다는 이유로 사형이나 무기형 대신 15년의 유기징역에 처하도록 하고 있다.

한국형사정책연구원에 따르면 2016년 강력 범죄로 입건된 소년 범죄자는 3,343명이었고 2017년에는 3,388명, 2019년에는 3,496명의 소년 범죄자들이 강력 범죄로 입건됐다. 갈수록 증가하고 있는 소년 강력 범죄에 대한 대응으로 처벌을 강화해야 한다는 여론이 높아지고 있다. 심지어 「소년법」을 전면적으로 폐지해야 한다는 주장도 제기되고 있다.

「소년법」 제60조는 "소년이 법정형으로 장기 2년 이상의 유기형(有期刑)에 해당하는 죄를 범한 경우에는 그 형의 범위에서 장기와 단기를 정하여 선고한다."라고 규정하고 있다. 이처럼 형기가 고정되지 않은 형을 '부정기형'이라 한다. 장기와 단기의 형량 사이에서 소년범의 교화 상태에 따라 형의 집행을 종료할 수 있도록 한 것이다.

생각건대, 인격이 아직 고착되지 않은 소년범의 특성을 잘 살린 위와 같은 제도는 계속 유지해나갈 필요가 있다. 개선의 여지가 있는 소년범의 특성을 고려할 때 「소년법」을 전면적으로 폐지하기보다는 강력 범죄에 대한 일부 형량을 늘리는 방법 등으로 개정하는 것이 바람직해 보인다.

우리나라
사형제도

우리나라 「형법」 제41조는 형벌 종류 중 하나로 '사형'을 규정하고 있다. 사형은 수형자의 목숨을 끊는 형벌로, 법이 정한 제일 중한 벌이다. 현재도 이 법 조항은 유효하기에 최근 진주시에서 발생한 방화살인 사건의 범인인 '안인득'에게 1심에서 사형이 선고되기도 했다.*

이처럼 종종 1심 법원에서 사형이 선고되기도 하지만, 2000년대 초 이후에는 사형 판결의 기준을 엄격하게 적용하여 연쇄살인범이거나, 피해자가 아동인 경우, 살해수법이 잔혹한 경우 등 죄질이 극도로 흉악한 경우에만 사형 판결을 내리고

* 2심에서는 심신미약을 이유로 무기징역으로 감형되었고, 3심에서 무기징역이 확정되었다.

있다.

그마저도 대부분 2심에서 무기징역으로 감형되고 있으며, 1997년 12월 30일 이후 우리나라는 사형을 집행하지 않고 있다. 현재 사형이 집행되지 않고 있는 사형수는 약 60명으로 모두가 살인범이다.

10년 이상 사형이 집행되지 않고 있기에 국제앰네스티는 이를 반영하여 우리나라를 '실질적 사형 폐지국'으로 분류하고 있다. 하지만 우리나라는 완전한 사형 폐지국은 아니므로, 언제라도 사형이 집행될 수 있는 상황이긴 하다.

한편, 사형제도를 폐지해야 한다는 주장과 존치해야 한다는 주장은 끊임없이 논쟁을 거듭하고 있다. 이는 근본적으로 '형벌의 목적이 무엇이냐'는 사상과 연결되어 있다. 형벌의 목적이 '응보'라고 생각하는 사람들은 살인 등 인류를 저버리는 잔혹한 범죄를 저질렀다면 그에 합당한 처벌을 받아야 한다고 본다. 반면, 형벌의 목적은 '범죄 예방'이어야 한다는 사람들은 사형제도가 범죄 예방 효과가 없고 징역형으로 충분히 범죄가 예방되기에 폐지해야 한다고 본다. 그 밖에 재판의 오류 가능성, 사형 집행 공무원의 정신적 트라우마 등을 사형제 폐지 이유로 삼기도 한다.

일반 국민을 대상으로 설문조사를 실시하면 대부분 사형제를 존치해야 한다는 의견이 우세하다. 2012년도에 조사한 통계에서는 78%가 사형제 찬성, 17%가 반대, 무응답 5%로 나타났다. 사형을 집행해야 하는지에 대한 2019년 리얼미터의 설문조사에 따르면, 사형 집행 찬성 여론이 51.7%로 과반수였고, 집행 반대가 37.9%, 제도 폐지가 7.8% 순으로 집계됐다. 국민 절반 이상이 사형 집행이 필요하다고 답한 셈이다.

내 꿈을
그려보자

변호사로 3 살아가기

실전
경험담

민사, 형사, 행정소송 등을 당사자로서 경험하는 일반인이 얼마나 될까? 주위를 살펴봐도 거의 찾아보기 힘들 것이다. 누구라도 소송과 관련된 일을 겪게 되면 승소여부와 관련 없이 극도의 스트레스 상황에 놓이게 된다. 변호사를 선임했더라도 혹시나 원하지 않는 결과가 나오진 않을까 전전긍긍하게 된다.

변호사는 이와 같은 의뢰인 사이에서 그들의 불안과 신경과민을 고스란히 감내해야 하는 직업이다. 우여곡절을 거치며 재판 과정이 마무리되고 판결을 앞둔 시점에 의뢰인과 담당 변호사의 긴장감은 최고조에 이르게 된다. 이럴 때 소송 결과가 승소로 끝난다면 그동안의 고생과 긴장이 일시에 해소되고 기쁨과 안도감이 밀려온다.

사실관계 인정 여부와 법리 적용은 고정불변한 것이 아니라서 그때그때의 재판부 구성원이나 1심, 2심, 3심 심급에 따라 정반대의 결론이 나오기도 한다. 그렇기에 아무리 명백해 보이는 사건이더라도 긴장을 늦출 수 없다. 이러한 고비를 모두 넘기고 맞는 승소 판결과 의뢰인의 감사 인사는 변호사들에게 큰 성취감이고 보람이다. 승소한 사건이 더 오래 기억에 남는 이유다.

이 장에서는 사법연수원을 졸업한 뒤 내가 어떤 일을 했는지, 실전에서 민사·형사·행정 분야별로 기억에 남는 사건 경험담과 다루기 어려운 사건은 무엇인지 언급해 보기로 한다. 변호사가 되고 나서 사건을 처리하는 업무가 대략 어떤 것인지를 살짝 엿보기에 좋을 것이다.

Q & A

사법연수원 졸업 후 어떤 일을 했나요?

2003년 사법시험에 합격한 후 2년간 사법연수원에서 이론 및 실무 교육을 받았다. 연수원 동기들은 졸업 후 판사, 검사, 개업 변호사, 법무법인 소속 변호사, 법률구조공단 변호사, 국선전담 변호사, 정부법무공단 변호사, 각종 기업체의 사내 변호사, 공무원, 법률 전문기자, 경찰 간부 등 각자 다양한 직업을 갖게 되었다.

나는 연수원을 졸업한 후 세 가지 직업을 경험했다. 첫 번째 직업은 '국가인권위원회'라는 국가기관에서 인권침해 및 차별행위 조사 업무를 수행하는 5급 공무원이었다. 두 번째는 법무법인(로펌) 변호사로서 소송수행·법률상담 등 전형적인 변호사 업무를 수행하였다. 세 번째는 소속 공무원들의 불법행위 및 업무처리 적정성 등을 조사 또는 감사하는 서울시 구청의 감사담당관(감사과 과장)이었다. 지금은 이 책을 쓰며 재충전의 기회를 얻고 있다.

프롤로그에서 언급한 것처럼 변호사 자격을 취득한 후에 할 수 있는 일은 무궁무진하다. 좀 더 정확히 말하면 무슨 일을 하건 변호사가 되기 전·후 했던 공부와 변호사 자격이 어떤 방식으로든 도움이 된다. 인간은 사회와 국가를 이루어 함께 살아간다. 구성원들의 이해관계가 모두 다르기에 사회와 국가에는 반드시 법과 질서가 필요하다.

법질서에 대한 전문 지식이 있고, 그것을 적용하고 활용할 줄 안다는 것은 사회의 거의 모든 분야에서 큰 강점이 된다.

과거에는 사법시험, 행정고시, 외무고시라는 세 가지 시험이 출세의 관문으로 여겨져 많은 사람이 도전했었다. 세 가지 시험을 모두 합격한 사람은 '고시 3관왕'이라 불리며 언론에 대서특필되기도 했었다. 그러나 행정고시나 외무고시는 합격 후 공무원이 되는 것 외에 다른 길이 없었기에 막상 공직 생활이 성향에 맞지 않는 사람들은 갈등이 많았을 것이다.

수년간 뼈를 깎는 노력 끝에 고시에 합격하였는데, 현실의 공무원 생활이 여러 이유로 자신과 맞지 않는 상황이 벌어진다면 어떻게 해야 할까? 사표를 내고 다른 일을 하자니 늦은 나이 탓에 받아주는 회사도 없고, 활용 가능성이 많은 전문 지식도 없어 그야말로 진퇴양난이다.

사법시험에 합격한 사람들은 부담 없이 자유롭게 자신의 적성에 맞는 일을 찾아 다양한 경험을 할 수 있다. 법조 삼륜이라 불리는 판사, 검사, 변호사 중 어떤 이는 판·검사를 하다가 변호사로, 또는 변호사를 하다가 판·검사가 되기도 한다. 물론 판사와 검사 간의 이동도 마찬가지다. 대형 로펌 변호사로 근무하다 국선전담 변호사가 되기도 하고, 판사·검사·변호사를 하다가 정계에 진출하여 국회의원이나 지방자치단체의 장이 되기도 한다.

이런 자유로움이 사법시험이나 변호사시험에 합격하여 변호사 자격을 취득한 사람들이 누리는 큰 혜택 중 하나라고 생각한다.

초등학교 때 꿈이었던 '발명가'는 아직 내 맘속에서 완전히 식지 않았다. 만일 좋은 아이디어가 떠올라 연구를 거듭하여 특허를 등록하고자 할 때 변호사 자격은 큰 도움이 될 것이고, 부동산 경매 시 권리분석, 사업이나 투자 등 각종 거래 시 계약서 검토, 법률 지식을 활용한 인터넷 방송 등등 활용 가능성은 끝이 없다. 이제 어떤 재미있는 일을 해볼까? 재충전의 시간이 달콤하다.

Q & A

기억에 남는
민사·형사 사건은 뭐예요?

수임했던 민사소송 사건 중 가장 기억에 남는 사건은, 의뢰인 A가 지인 B에게 속아 권리금 2억 원을 주고 B가 운영하던 레스토랑을 인수한 사건이다. B는 A에게 월 매출을 속였고, 건물주와 협의하지 않았음에도 임대차 기간을 연장해 놓았다고 거짓말했다.

추후 이 사실을 알게 된 A가 계약을 파기하고 권리금을 돌려달라고 요구하였으나, B가 거부하여 소송을 제기하게 되었다.

결국, 민사소송 외에도 사기죄로 고소하여 형사 사건까지 함께 진행하였고, 1심에서 징역 1년 2개월의 실형이 선고되었다. B는 그제야 받을 돈을 돌려주겠다며 합의를 요청해왔다. 돈을 돌려받고 합의를 해줬지만, 신의를 저버리고도 뻔뻔한 모습을 보였던 B의 태도가 씁쓸하게 기억에 남는다.

기억에 남는 형사소송 사건은, 절도 현행범으로 체포되어 구속된 피의자 사건이었다. 피의자는 이미 같은 범죄 사실로 전과가 있던 상황이었다. 피의자를 접견하고 대화를 나눠보니 도벽 충동을 제어하지 못하는 기질 때문에 같은 범죄를 반복하고 있는 것으로 보였다.

우선은 구속적부 심사를 법원에 청구하여 우여곡절 끝에 피의자를 석방시켰고, 그를 설득하여 정신과 전문의에게 가서 상담을 통한 치료를 받도록 했다. 다행히 알고 지내던 정신과 전문의가 있어 특별히 부탁했고, 피의자도 성실하게 의사의 지시에 따랐다.

피해자와도 연락이 닿아 용서를 구한 후 합의했다. 본안재판에서 위와 같은 사실들을 재판부에 알리고 선처를 호소하여 다행스럽게도 집행유예를 선고받았다. 약식명령에 의한 벌금 전과밖에 없었던 피고인이 구속과 정식재판 출석 등 일련의 과정을 겪으며 진심으로 반성하고 있는 것으로 보였다. 지금은 법을 준수하는 선량한 시민으로 잘 살고 있으리라 믿는다.

Q & A

기억에 남는
행정소송도 있나요?

민사소송이나 형사소송은 주변에서 쉽게 접하거나 들어볼 수 있지만, 행정소송은 우리에게 조금 낯선 영역이라 생소한 느낌이 들 수 있다. 행정소송이란, '행정 관청이 행한 처분 등에 불복하여 해당 행정 관청을 상대로 처분의 취소나 변경 또는 무효 확인 따위를 법원에 요구하는 소송'을 말한다. 쉽게 말해 행정 관청을 상대로 제기하는 소송이다.

기억에 남는 행정소송은, 여성 공무원이었던 의뢰인이 육아휴직을 했다는 이유로 소속 기관인 ○○도청의 직렬 전환 시험에 불합격한 사건이었다.

'조무·방호직렬' 공무원을 대상으로 전직 임용시험을 거쳐 '사무 직렬'로 전직 임용하는 시험이었는데, 지원자가 많아 경쟁률이 7:1을 넘었다. 총 12명의 지원자가 필기시험에서 만점을 받았고 이들 중 9명을 뽑아야 했다. 시험 점수 외에 우선순위를 정하는 항목으로 재직 기간이 있었는데, 재직 기간을 산정하면서 휴직 기간을 제외한다는 조항이 있었다.

지인의 소개로 찾아온 의뢰인에게 사건의 자초지종을 들은 후 ○○도청을 상대로 불합격처분 취소청구 소송을 제기하였다. ○○도청의 입장은 규정상 휴직 기간을 제외하게 되어 있으므로 다른 휴직과 마찬가지로 육아휴직 기간도 재직 기간에서 제외하였다는 입장이었다.

「헌법」 제36조 제2항은 "국가는 모성의 보호를 위하여 노력하여야 한다."라고 규정하고 있으며, 지방공무원법 제63조 제4항은 "육아휴직을 이유로 불리한 처우를 하여서는 아니 된다."라고 규정하고 있다. 위 법 조항들의 입법 취지는 여성의 모성을 보호하여야 한다는 국가의 추상적 의무를 선언한 것에 그치는 것이 아니라, 사회적 비용을 들여서라도 국민에게 더욱 나은 출산·양육 환경을 제공하여 최근 사회문제로 대두되고 있는 저출산 문제를 해결하겠다는 사회적 합의에 바탕을 둔 것이다.

따라서 국가나 지방자치단체는 적극적으로 그 합의의 실행을 선도하여 우리 사회의 모든 고용 분야에서 누구든 법령이 인정한 육아휴직을 자유롭게 사용할 수 있도록 그 제도를 정착시켜야 할 의무가 있다. 그런데도 피고 ○○도청은 육아 휴직자를 다른 휴직자들과 같게 처우함으로써 결과적으로 차별행위를 한 것이다.

「헌법」 제11조 제1항은 "모든 국민은 법 앞에 평등하다."라고 규정하여 평등원칙을 보장하고 있다. 이러한 평등의 원칙은 '본질적으로 같은 것을 다르게, 본질적으로 다른 것을 같게 취급하는 것을 금하는 것'을 의미한다. 즉, 본질적으로 같은 것은 같게, 본질적으로 다른 것은 다르게 취급해야 함을 뜻한다. 육아휴직과 기타 개인 사정에 의한 휴직은 본질적으로 다른 것이므로 다르게 취급되어야 옳다.

결국, 법원도 위와 같은 ○○도청의 행위가 불합리하다며 피고 ○○도청의 불합격 처분을 취소하였다. 의뢰인은 원하던 바대로 무사히 사무 직렬로 전환할 수 있게 되었다.

Q & A

해결하기 힘든 사건이
있었나요?

판사들은 법원에 접수된 소송 사건을 판결로 해결하지 않고, 중간에 조정이나 화해로 해결하려는 시도를 종종 하게 된다. 오히려 그것이 소송 양쪽 당사자 모두에게 득이 되는 경우도 많기 때문이다.

변호사들도 사건을 조속히 해결하면 시간이 절약되므로 웬만하면 판사의 중재 노력 을 존중하게 된다.

남남인 사람들 사이에 분쟁이 발생한 경우는 해당하는 분쟁지점이 명확하여 이를 집 중적으로 해결하려다 보면, 소송 도중에 조정이나 화해로 분쟁이 해결될 때가 많다. 그러나 상대가 형제지간이거나 부부인 경우, 즉 상속과 관련된 사건이나 이혼 사건인 경우는 예상외로 조정이나 화해가 쉽지 않다. 그동안 쌓여왔던 감정과 사연이 많기 때 문이다.

변호사들이 준비서면을 작성할 때는 의뢰인과 상담하여 사실관계 여부나 법리적으로 다툴 만한 것을 추려서 작성하게 되는데, 상속 사건이나 이혼 사건의 경우 수십 년간 쌓여온 사연을 모두 말하려 하고, 법원에 제출해 달라고 요구하는 경우가 많다.

오빠나 올케, 언니, 동생이 이러저러하게 부모님에게 불효를 저질렀고, 대학 공부할 때 차별받았던 사연, 누구는 결혼자금을 얼마를 더 많이 줬고, 부모님은 자기를 더 믿고 의지했다는 주장, 부부 사이에서는 상대가 십여 년 전 바람을 피웠던 것 같다는 이야기, 집에 생활비를 누가 더 많이 냈는지, 상대가 샀던 과소비 목록, 가전제품은 누가 마련한 건지 등등 시시콜콜한 것들을 모두 반영해 달라고 요구한다.

물론 이런 주장들을 귀 기울여 듣다 보면 법리적으로 요약해서 주장할 만한 것도 종종 있지만, 사실 위와 같은 사실관계 중 대부분은 진위를 떠나 사건의 핵심이 아니고 판결 결과에 영향을 줄 가능성이 거의 없는 내용이다.

상속 사건이나 이혼 사건이 힘든 이유 중 또 다른 하나는, 한때 가족으로 묶여 서로 우애와 사랑을 주고받았던 사이가 철천지원수로 변하는 것을 지켜봐야 하는 점이다.

승소를 위해 서로에게 유리한 얘기들을 끌어내 소송을 진행하다 보면 관계가 더욱더 악화하여 도저히 회복이 불가능한 상황으로 치닫기도 한다. 그 대가로 물론 승소하는 경우도 있겠지만, 인생 전체를 두고 봤을 때 무엇을 잃고 무엇을 얻게 되는지 곰곰이 생각하게 만드는 사건들이다.

변호사의
자기 관리

흔히들 인생을 마라톤에 비유한다. 성공적으로 완주하기 위해서는 인내심과 끈기가 필요하고 끊임없이 자기 관리를 해야 한다. 대체로 변호사는 육체적·정신적 소모가 큰 직업이다. 따라서 육체적인 건강 관리, 스트레스 관리가 필요하다.

변호사가 의뢰인을 대신해 수행하는 소송은 결국 승소와 패소로 성패가 엇갈린다. 간혹 재판장의 현명하고 적극적인 주재하에 원고와 피소 모두가 만족하는 화해나 조정이 성립되기도 하지만, 대부분은 승소 또는 패소로 결론이 나뉜다. 이럴 경우 대개의 의뢰인은 변호사를 원망하는 마음을 품게 된다. 소송 진행 과정에서 아무리 성실한 태도로 임했어도 원망하는 마음은 마찬가지다. 차라리 소송 과정에서 불성실했어도 결과가 승소라면 모든 것이 일시에 용서가 된다.

재판에서 졌을 때 변호사들은 의뢰인을 어떻게 대해야 할까? 어떤 태도로 의뢰인을 대하고 결과를 설명하는 것이 좋을까? 어떤 변호사들은 이와 같은 상황에 부닥치는 스트레스를 받지 않으려고 이길 수 있는 사건만 수임한다고 말한다. 그렇지만 수임 후의 상황은 생각대로 전개되지 않는다. 의뢰인이 사실을 숨기는 경우도 있고, 사건에 대한 기억이 왜곡되기도 한다. 무엇보다도 승소와 패소를 결정하는 판사들조차 사실관계 인정과 법리 적용을 다르게 하므로 1심과 2심, 3심의 결론이 달라지는 경우도 비일비재하다. 따라서 재판에서 졌을 때 어떻게 대처할지도 미리 준비하는 자세가 필요하다.

이 장에서는 스트레스를 많이 받는 변호사들의 육체적인 건강 관리와 스트레스 관리, 재판에서 패소했을 때의 고객 관리, 변호사도 워라밸이 가능한지 등 변호사의 자기 관리에 대해 살펴보기로 한다.

Q & A

건강 관리는
어떻게 하나요?

변호사의 업무 중 가장 많은 비중을 차지하는 것은 법원에 제출해야 하는 각종 서류를 검토하고 작성하는 일이다. 법원에서 지정한 날짜에 법정 출석하여 변론하기 위해서는 변론기일 며칠 전까지 미리 변론 준비서면을 작성하여 법원에 제출해야 한다. 판사나 변호사나 모두 다루는 사건이 한둘이 아니다 보니, 법원에서 한가하게 사건에 대해 구구절절한 변론을 할 시간이 없다. 그래서 미리 서면을 통해 쌍방 의견을 정리하고 쟁점 사항만 법정에서 묻고 답한다.

변론기일 전날에서야 부랴부랴 준비서면을 제출하는 변호사도 많으나, 상대방 변호사와 판사가 읽고 준비할 여유를 주기 위해서는 적어도 약 1주일 전까지는 준비서면을 제출하는 것이 바람직하다.

마감 시간에 쫓기는 직업인 기자나 작가들처럼 변호사들도 변론기일 전에 미리 준비서면을 제출하기 위해 밤샘 작업을 할 때가 많다. 이렇게 밤을 새워 서류작성을 하게 되면 몸이 급격하게 쇠약해지고 건강을 잃기 쉽다.

법무법인 변호사 시절, 유난히 밤샘 작업을 해야 할 일이 잦았던 때가 있었다. 당시에는 아직 젊다는 생각에 커피 두세 잔을 진하게 마셔가며 날밤을 꼬박 새워 준비서면을 작성하는 일이 많았었다.

그러던 어느 날, 갑자기 귀에서 이상한 소리가 들려왔다. 철공소에서 쇠를 가는 것 같은 소리가 들리기도 하고, 증기기관차가 칙칙폭폭 소리를 내며 지나가는 소리가 들리기도 했다. 며칠 지나면 나아지겠거니 했는데, 일주일이 다 되도록 나아지지 않았다. 병원에 가서 증상을 말하니 '이명'이라는 병이라고 했다. 여러 가지 원인에 의해 발병하는데, 스트레스와 피로가 주요 원인 중 하나라고 한다. 약 3개월 정도 병원과 한의원의 치료를 받으며 안정을 취한 끝에야 서서히 나아졌다.

변호사라는 직업은 기본적으로 업무량이 많다. 게다가 대부분 제출 기한이나 처리 기간이 있는 업무다 보니 고도의 집중력이 요구되어 과로하기 쉽다. 각자 자신만의 건강 관리 방법을 정해서 매일매일 실천하는 것이 필요하다.

개인적인 건강 관리 방법을 말하자면, 나는 사무실 근처 헬스클럽에 등록해서 일주일에 2~4회 정도 운동을 했다. 러닝머신에서 걷거나 뛰는 것도 좋지만, 잊지 말아야 할 것은 근육을 단련하는 운동이다. 헬스클럽의 운동기구 사용법을 배워 이용하였고, 손쉽게 할 수 있는 스쿼트 운동도 병행했다. 운동을 소홀히 하지 않던 시기에는 매일 법정에 출석하거나 장거리 운전으로 지방 출장을 가더라도 크게 피곤하지 않았다.

헬스클럽 등록 시 너무 장기간으로 등록하게 되면 중간에 변수가 생기는 경우 환불 처리가 까다롭다. 경험에 비춰볼 때, 조금 할인을 덜 받더라도 한 달 단위로 등록하는 것이 더 부담 없고 좋았다.

스트레스 관리는 어떻게 하나요?

변호사는 의뢰인과 같은 편이 되어 의뢰인을 대신해 싸워야 하는 직업이다. 상대방도 변호사를 선임하는 경우가 대부분이기에, 언제나 승부는 막상막하이며 호락호락한 싸움은 거의 없다. 게다가 사건 진행 과정에서 의뢰인이 물어오는 여러 질문에 답해야 하고, 불안해하는 의뢰인의 심리상담사 역할을 해야 할 때도 많다.

맺고 끊는 것을 잘하는 변호사들의 경우, 본인의 휴대전화 번호는 의뢰인에게 알려주지 않거나, 의뢰인에게 전화가 걸려와도 받지 않을 때가 많다. 하지만 나는 성격상 그러지를 못해 퇴근 후나 주말에도 의뢰인과 통화하는 일이 많았다. 가끔 의뢰인의 전화를 받지 못한 경우에도, 무슨 일로 전화한 건지 궁금하고 불안하여 다시 의뢰인에게 전화해 확인하곤 했다. 의뢰인이 전화한 목적은 사건에 대한 걱정이 대부분이었다. 자신의 억울함을 끊임없이 말했고, 불안한 마음을 위로받고 싶어 했다.

기억에 남는 의뢰인 중 한 명은 민사소송을 의뢰한 50대 여성이었다. 밤이나 낮이나 수시로 전화를 걸어와 하소연하기를 좋아했다. 가장 주된 용건은, 상대방 측에서 왜 저런 주장을 하는가에 대해 내 의견을 묻는 것이었다. 처음에는 "아마도 이러저러한 이유로 저런 주장을 하는 것 같다."라며 일일이 내 의견을 말해주고 우리가 이런저런 방법으로 대응하면 된다고 안심시켜 주었다. 그런 통화 내용이 마음에 들었는지 비슷한 상황이 반복됐다.

나중에는 똑같은 질문을 시도 때도 없이 하는 의뢰인에게 지쳐 "상대방의 마음은 저도 점쟁이가 아닌 이상 정확히 알 수가 없어요. 그런 질문은 하지 말아주세요."라고 말할 수밖에 없었다. 의뢰인도 미안했는지 더 이상 그런 질문은 하지 않았고, 전화를 걸어오는 횟수도 약간 줄어들었다.

사건에 적용되는 법리나 판례에 대한 연구가 변호사에게 스트레스를 주기도 하지만, 그에 못지않게 사건을 담당하고 있는 판사나 검사, 소송의 상대방 변호사, 사건을 의뢰한 의뢰인 등과의 관계에서 오는 스트레스도 많다. 일과를 마친 후에도 문득문득 사건에 대한 생각이 떠오르고, 스트레스 때문에 심장이 두근거릴 때도 많다. 필수적으로 자신만의 스트레스 관리법을 개발하고 실천할 필요가 있다.

나는 스트레스를 풀기 위한 방법으로 명상을 했고, 유튜브를 통해 법륜 스님의 법문을 듣기도 했다. 그중에서도 매일 새벽 일찍 일어나서 108배를 했던 것이 가장 큰 도움이 되었다. 절을 하는 방법은 인터넷에 잘 나와 있기 때문에 정확한 자세를 배우는 데 어려움이 없었다. 108배 전용 음향도 인터넷에서 다운받아서 녹음된 목탁 소리에 맞춰 절을 했다.

처음에는 108배를 하는 내내 몸도 힘들고, 잡념도 없어지지 않아서 별 도움이 안 되는 것처럼 느껴졌다. 그래도 중단하지 않고 열흘 정도 꾸준히 하다 보니 어느덧 몸과 마음이 평온해졌다. 스트레스 해소에 도움이 될 뿐만 아니라 절 운동으로 인해 복근도 생기고 허리와 다리도 튼튼해지는 것이 느껴졌다.

반드시 새벽에 할 필요는 없고, 퇴근 후 저녁에 해도 상관없다. 절 형식의 운동이지만 종교적으로 받아들이지 않으면 좋은 스트레스 해소 방법이 될 수 있다. 독자분들도 실천해 보기를 추천한다.

Q & A

재판에서 졌을 때는
어떻게 하나요?

앞에서도 언급했듯이 같은 사건을 두고 심리를 하더라도 사실관계 인정 여부나 어떤 법리를 적용할지 등은 그때그때의 재판부 구성원이나 1심, 2심, 3심 심급에 따라 달라지며, 정반대의 결론이 나오는 일이 허다하다. 그렇기 때문에 변호사들도 사건 의뢰인에게 100% 승소를 장담할 수 없다.

의뢰인이 변호사에게 거짓말을 하거나, 자기에게 유리한 말만 하고 불리한 사실은 숨기는 일도 많아서 사건이 예상대로 흘러가지 않거나 중간에 꼬이는 일도 많다. 결국 여러 이유로 패소 판결이 나오면 좋았던 변호사와 의뢰인의 사이도 급속도로 냉랭해질 수 있다. 이럴 때 어떻게 대응하느냐가 중요하다.

우선 판결문이 송달되면 그 내용을 분석한 후 의뢰인을 만나 자세하게 설명해주는 것이 좋다. 이러저러한 이유로 패소를 하였는데 다른 판단도 있을 수 있으니 항소를 해보자거나, 아니면 항소심에서도 승소할 가능성이 크지 않으니 심사숙고해야 한다는 등 솔직하게 조언해야 한다.

나는 가끔 의뢰인의 경제 사정이나 승소 가능성 등을 종합적으로 검토한 후 항소심의 수임료는 받지 않고 항소를 해주기도 했다. 그중 어떤 사건은 항소심에서 승소했고, 어떤 사건은 항소심에서도 패소했다. 한 번 더 상급법원의 판단을 받아보고 싶은 마음이 간절했던 의뢰인은 비록 항소심에서 패소했더라도 끝까지 최선을 다해준 것에 대한 고마움을 표시했고, 나중에 변호사가 필요한 지인에게 나를 소개해 주기도 했다.

패소를 예상하고 소송을 진행하는 변호사는 극히 드물다. 그만큼 뜻밖의 패소는 변호사에게도 큰 충격일 수밖에 없다. "변호사가 수임료만 받고 소송을 등한시하여 패소했다."라고 불평하는 사람들을 주위에서 가끔 보게 된다. 막상 사실관계를 살펴보면, 정말로 변호사가 돈만 받고 사건을 방치했다기보다는 의뢰인과 의사소통이 원활하지 않았던 경우가 더 많은 것 같다.

일부 변호사는 업무량이 많다 보니 의뢰인과의 전화 통화를 꺼리는 경우가 많다. 이런 사소한 불통이 서로에 대해 오해를 키우는 요인이 될 수 있다. 한편이 되어 최선을 다하고 있다는 신뢰를 유지한다면 패소 후에도 침착하고 슬기롭게 향후 대응을 논의할 수 있고 끝까지 좋은 관계로 남을 수 있게 된다.

Q&A

변호사도 워라밸이 가능한가요?

워라밸은 '일(Work)과 삶(Life)의 균형(Balance)'을 뜻한다. 업무 이외의 시간에 자기 계발을 하거나 취미 생활을 즐기는 것도 큰 기쁨이기에 둘 사이에 균형을 이루는 것은 매우 중요하다. 기본적인 업무량이 타 업종에 비해 많고 급히 처리해야 할 일도 많은 변호사가 워라밸을 즐길 수 있을까? 결론부터 말하면 어떤 분야에서 일하는가에 따라 차이가 크다.

워라밸을 구현하기가 가장 힘든 이들은 대형 로펌에 취업한 변호사들일 것이다. 대표적으로 손꼽히는 대형 로펌은 김앤장이나 태평양, 광장 등이 있는데 업무량이 어마어마하다. 주중에는 통상적으로 자정이 넘어서야 퇴근하기 일쑤이고, 주말에도 대부분은 서면을 작성하러 출근해야 한다. 변호사 한 명당 다루는 사건 수가 100~200건이 되다 보니 한가한 저녁 생활이나 취미 활동은 꿈꾸기 힘들다.

소형 로펌이나 개인법률사무소에 취업한 변호사도 업무량이 많은 편이어서 워라밸을 유지하기가 힘들다. 재판에 출석하거나 피의자를 접견하는 날에는 법원이나 구치소에 들렀다 오면 하루가 다 가기 때문에 법원에 제출해야 하는 서면은 주로 밤에 남아서 작성하는 경우가 많다. 그래도 시간이 부족한 경우가 대다수라 주말에도 일해야 한다.

비교적 워라밸이 가능한 분야는 업무량이 적은 기업의 사내 변호사나 국가기관 또는 지방자치단체의 공무원으로 취업한 경우이다. 이들은 정해진 출퇴근 시간 내에 열심히 근무하면 되고, 야근이나 주말 출근을 할 정도로 일이 많은 경우는 적은 편이다.

삶에 대한 자기만의 가치관을 미리 정하고 그에 맞춰 진로를 정하는 것이 나중에 후회하지 않는 삶을 사는 방법이다. 남들이 보기에 아무리 멋있어 보이고 성공한 것처럼 보이는 분야더라도, 직접 그 안에서 막중한 업무에 시달리다 보면 버틸 수도 없고 그만둘 수도 없는 진퇴양난의 심각한 고민에 빠질 수 있다.

개인적인 생각을 말하자면, 소득이 조금 적더라도 개인 시간을 충분히 확보하여 여러 가지 취미 생활을 즐기고 다양한 분야에 대해 끊임없이 탐구하며 발전하는 워라밸 삶을 사는 것도 바람직하다고 생각한다.

무료 상담 등
공익활동

우리나라는 2000년 7월부터 시행된 개정 「변호사법」에 따라 변호사의 공익활동을 의무화하고 있다. 즉, 「변호사법」 제27조(공익활동 등 지정업무 처리의무) 제1항은 "변호사는 연간 일정 시간 이상 공익활동에 종사하여야 한다."라고 규정함으로써 변호사들에게 일정 시간 이상의 공익활동 의무를 부여하고 있다.

변호사의 공익활동을 법적 의무로 규정한 것은 세계 최초다. 「공익활동 등에 관한 규정」에 따르면 1년에 20~30시간의 공익활동을 의무적으로 이행해야 한다. 법조경력 2년 미만이거나 60세 이상, 혹은 질병이나 기타 불가피한 사유가 있는 변호사가 아니라면 누구나 이 규정에 따라 공익활동을 수행해야 한다.

「공익활동 등에 관한 규정」은 공익활동의 범위·내용에 대해 ① 개인을 위한 법률부조 활동, ② 법령에 의한 국선변호 및 국선대리, ③ 공공기관을 위한 법률부조 활동, ④ 공공기관의 공익활동에의 참여를 통한 공익활동, ⑤ 공익단체를 위한 법률부조 활동 등 다양한 활동을 공익활동으로 인정하고 있다.

이 같은 공익활동 의무 규정에 대해 일부 변호사들은 "공익활동은 자발적으로 이뤄져야 하지, 법으로 강제해선 안 된다."라고 주장하며 헌법소원을 제기하기도 했다. 그러나 변호사는 공공성을 지닌 법률 전문직이며, 인권 옹호와 사회정의 실현을 사명으로 한다는 점에서 1년에 20~30시간 이상의 공익활동을 의무화하는 것이 지나치게 변호사들의 직업 수행 자유를 침해하는 것으로 보이지는 않는다.

이 장에서는 그동안 공익활동의 목적으로 수행했었던 마을변호사 활동, 서울시 공익변호사 활동, 소송구조 변호사 활동, 학교폭력대책 자치위원 활동, 국가인권위원회 전문상담위원 활동 등에 관해 얘기해보려 한다. 변호사가 된 후 여러 가지 공익활동 분야를 선택할 때 참고가 되었으면 한다.

Q&A

마을변호사 활동은 무엇인가요?

마을변호사 제도는 변호사를 접하기 어려운 지역에 거주하는 주민들이 각 마을에 배정된 담당 마을변호사와 손쉽게 법률상담을 진행할 수 있는 제도이다. 무료이므로 경제적 부담 없이 상담할 수 있으며, 변호사에게 직접 질 높은 법률상담을 받을 수 있다는 장점이 있다.

변호사들은 일정 시간 이상의 공익활동을 수행해야 하는데, 마을변호사 제도를 활용하여 공익활동을 하기도 한다. 또한, 이를 통해 사건을 수임하는 기회를 얻기도 한다.

2018년 10월 현재 1,444개 읍·면·동 지역에 1,378명의 마을변호사가 배정되어 있다. 마을변호사 1인이 담당하는 읍·면·동 지역은 평균 2.23개이다.

마을변호사는 비상근이므로 전화·팩스·이메일 등 원격 상담을 원칙으로 하나, 때에 따라 마을변호사가 직접 마을을 방문하여 대면 상담을 진행하기도 한다.

전화 상담의 경우 주민이 읍·면·동 사무소, 지방변호사회, 법무부를 통해 마을변호사의 연락처를 확인한 후 직접 연락하여 상담을 진행하면 된다.

팩스·이메일 상담의 경우, 다음 순서로 진행된다.

① 주민이 읍·면·동 사무소에 비치된 '마을변호사 상담 카드'를 작성한다.

② 마을변호사에게 팩스·이메일 등을 통해 상담 카드를 보낸다.

③ 마을변호사는 주민의 상담 카드를 검토 후 회신한다.

현장 상담의 경우는 희망자 수와 마을변호사의 일정 등에 따라 진행되므로, 각 읍·면·동에 현장 상담 가능 여부를 미리 문의해야 한다.

Q & A

서울시 공익변호사 활동은 어땠나요?

법무법인에서 변호사로 일할 때 공익활동의 목적으로 '서울시 공익변호사'와 '서울시 인권상담위원' 역할을 동시에 맡았었다. 한 달에 1~2회 시청 1층에 있는 상담실에서 시민들을 상대로 무료 법률상담을 진행했다. 오전과 오후로 나누어 다른 변호사를 배정하였는데, 오전에 배정받기도 하고 오후에 배정받기도 했다.

무료 법률상담을 받기 위해 찾아오는 사람 대부분은 크게 두 그룹으로 나뉜다. 첫 번째는 형편이 어려워 유료 상담이나 소송을 진행할 수 없는 사람들이고, 두 번째는 사건이 소송까지 가기가 애매하여 변호사 선임을 해야 할지 말아야 할지 망설이는 사람들이었다.

주택 임대차나 상가 임대차에 대한 문의가 많았고, 아파트 층간소음이나 누수 문제 등 일상생활에서 필요한 법률상담이 주를 이뤘다. 그중 법률구조공단의 소송구조가 가능해 보이는 사람들에게는 법률구조공단의 약도를 그려주며 방문하도록 안내했다.

상담하러 오는 사람 중에서는 법적인 해결 방법이 없다는 걸 알면서도 하소연을 하기 위해 방문하는 사람들도 있었다. 그들의 말에 적극적으로 귀 기울이고 적절한 공감을 표현해주면, 연신 속이 시원해졌다며 고마움을 표현하고 돌아갔다. 그럴 땐 나도 같이 기분이 환해지는 느낌이었다.

Q&A

소송구조 변호사 활동은 어땠나요?

소송구조 변호사 제도란, 소송비용을 지출할 자금 능력이 부족한 사람에 대하여 법원이 당사자의 신청 또는 직권으로 재판에 필요한 비용(인지대, 변호사 보수, 송달료, 증인여비, 감정료 기타 재판비용)의 납부를 유예 또는 면제함으로써 그 비용을 내지 않고 재판을 받을 수 있도록 하는 제도이다.

소송구조의 대상은 민사소송, 행정소송, 가사소송의 본안 사건은 물론이고, 독촉, 가압류·가처분 신청도 그 대상이 된다. 소송구조 신청은 소송을 제기하려는 사람과 소송계속 중의 당사자가 신청할 수 있으며, 자연인은 물론 외국인과 법인도 신청할 수 있다. 소송구조 사건은 국가에서 담당 변호사에게 약간의 실비를 지원해준다.

소송구조에 해당하여 법률구조를 받기 위해서는 신청인의 무자력과 승소 가능성이라는 두 가지 요건이 필요하다. 무자력은 자연인의 경우에는 경제적으로 빈곤하여 자기 및 가족에게 필요한 생활을 해하지 않고서는 소송비용을 지출할 수 없는 상태에 있는 사람을 의미하며, 이에 대한 소명자료로 '소송구조 재산 관계 진술서'를 작성해서 제출해야 한다. 승소 가능성은 신청인이 그 소송에서 패소할 것이 분명하지 아니할 경우 인정되며, 법원이 재판절차에서 나온 자료를 기초로 판단한다.

기억에 남는 사건은 파산선고를 받아 면책된 의뢰인이 추후 파산 당시 파산 목록에 기재하지 않은 채무가 발견되어 상대방으로부터 소송을 당한 사건이었다. 당시 무과실로 누락되었음을 입증하여 다행히 의뢰인의 승소로 끝났다.

Q&A

학교폭력대책 자치위원 활동은 어땠나요?

각급 학교는 학생 간의 학교폭력에 대한 대책을 마련하기 위해 자치위원회를 두고 있다. 자치위원 중 외부 자치위원으로 지역에서 활동하는 변호사나 경찰서장 등이 참여하기도 한다. 나는 변호사로서 두 학교의 학교폭력대책 자치위원을 맡았었다.

당시 몇 건의 학교폭력이 발생하여 학교에 찾아가서 대책 회의에 참석하였다. 가해 학생과 피해 학생 그리고 양쪽 학부모가 참석하여 각자의 생각을 말하였고, 이를 바탕으로 중재를 시도하고 결론을 내리는 형식으로 진행되었다.

당시 느낀 점은 학교장이나 교감, 학생부장, 담임선생님 등이 학교폭력에 대해 심각하게 여기고 신속하게 대응하기는 했으나, 사건에 대한 진정한 해결보다는 불똥이 자신들에게 튀지 않게 하려고 민감하게 반응하고 있다는 인상을 받았다. 양쪽 학부모 모두 첨예하게 대립하여 학교 측의 해결을 촉구하는 상황이었기에 한편으론 학교 선생님들의 반응이 이해되기도 했다.

가해 학생의 행위가 「소년법」에 따라 처벌될 수도 있다는 것과 해당 판례에 대해 쉽게 설명해 주었고, 다행히 가해 학생과 부모가 적극적으로 사과하고 재발 방지에 임하겠다는 자세를 보여 화해가 가능했다.

Q & A

국가인권위원회 전문상담위원 활동은 어땠나요?

국가인권위원회 전문상담위원은 서울 명동성당 근처에 있는 국가인권위원회 상담실에서 민원인을 상대로 인권상담 활동을 한다. 이 또한 공익활동의 일환이고 국가인권위원회에서는 변호사들에게 소정의 교통비 정도를 지원해준다.

국가인권위원회에서 다루는 업무를 크게 두 가지로 나눈다면, 하나는 국가기관에 의한 인권침해에 대해 조사하고 구제하는 업무이고, 또 다른 하나는 국가 및 사인의 차별행위에 대해 조사하고 구제하는 업무이다. 기존 법질서에는 사인 간의 차별행위를 금지할 수 있는 마땅한 방법이 없었다.

예를 들면, 가게를 운영하며 물건을 파는 A라는 사람이, 흑인이 싫다는 이유 하나만으로 흑인에게 물건을 판매하지 않는다고 가정했을 때, 이를 어떻게 막을 것인가가 문제로 등장한다.

「국가인권위원회법」은 이러한 인종차별뿐만 아니라 "'평등권 침해의 차별행위'란 합리적인 이유 없이 성별, 종교, 장애, 나이, 사회적 신분, 출신 지역(출생지, 등록기준지, 성년이 되기 전의 주된 거주지 등을 말한다), 출신 국가, 출신 민족, 용모 등 신체 조건, 기혼·미혼·별거·이혼·사별·재혼·사실혼 등 혼인 여부, 임신 또는 출산, 가족 형태 또는 가족 상황, 인종, 피부색, 사상 또는 정치적 의견, 형의 효력이 실효된 전과(前科), 성적(性的) 지향, 학력, 병력(病歷) 등을 이유로 한" 차별행위를 금지하고 있으며, 이를 어길 시 시정하라고 권고하고 있다.

구제 방법이 강제력 없는 권고에 그치고 있어 실효성이 부족하기는 하나, 권고를 따르지 않으면 그 이유를 국가인권위원회에 통지하여야 하고, 위원회는 필요시 권고를 받은 관계 기관 등의 장이 통지한 이유를 공표할 수 있도록 함으로써 간접적으로 권고의 효율성을 높이고 있다.

국가인권위원회에 무료 법률상담을 신청하는 사람들은 노사문제, 성희롱, 장애인 차별 등 다양한 문제로 상담을 요청해왔다. 진정 사건으로 정식 접수하면, 국가인권위원회의 조사관들이 검찰과 비슷한 역할을 담당하여 조사하기에 접수 방법을 안내하며 진정서를 대신 작성해 주기도 하였다.

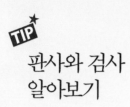

판사와 검사
알아보기

〈판사〉

판사는 민사, 형사, 행정소송 등의 재판을 진행하며, 변호사와 검사의 의견, 증인의 진술, 각종 증거 등 재판과 관련한 자료들을 검토하고 법률에 근거해 판결을 내리는 직업이다.

원고와 피고 사이의 분쟁을 심리하고 판단하여 원고의 청구를 인용하거나 기각하고, 검사로부터 기소된 피고인의 유·무죄를 판단하여 유죄일 경우 합당한 형벌을 부과한다. 검사의 요청이 있을 때는 적합성 여부를 판단하여 체포나 구속영장을 발부하기도 한다.

판사는 대법관회의의 동의를 거쳐 대법원장이 임명한다. 일정 기간 이상 ① 판사·검사·변호사, ② 변호사 자격이 있는 사람으로서 국가기관, 지방자치단체, 「공공기관의 운영에 관한 법률」 제4조에 따른 공공기관, 그 밖의 법인에서 법률에 관한 사무에 종사한 사람, ③ 변호사 자격이 있는 사람으로서 공인된 대학의 법률학 조교수 이상으로 재직한 사람 중에서 임용한다.

채용 절차는 서류전형 합격자를 대상으로 법관임용 심사위원회의 면접 후 대법관회의의 동의를 얻어 대법원장이 임명하는 방식이다. 판사로 임용될 수 있는 위 법조 경력 기간은 2017년까지는 3년 이상, 2017~2021년까지는 5년 이상, 2022~2025년까지는 7년 이상이고 2026년부터는 10년 이상이다.

판사는 공정성과 정당성에 입각한 재판을 통해 합리적인 판결을 하도록 신분이 보장된다. 즉, 판사는 '사법권의 독립'을 위해 탄핵 또는 금고 이상의 형의 선고에 의하지 아니하고는 파면되지 않으며, 징계처분에 의하지 아니하고는 정직, 감봉, 기타 불리한 처분을 받지 않는다.

「각급 법원 판사 정원법」에 의하면 2020년 11월 기준, 판사 수는 3,214명이다. 민사 및 형사소송과 행정소송 등 법무 서비스 수요 증가세에 맞춰 각급 법원의 판사 정원도 증가하고 있다. 2015년에는 50명, 2016년은 60명, 2017년은 80명, 2018년은 90명, 2019년은 90명이 증원되었다. 사회발전에 따라 분쟁이 증가하고 있으며, 그 내용 또한 복잡하고 다양해졌다. 전문 지식을 갖춘 법관의 수요가 증가하면서,

그에 따라 판사의 숫자도 증원될 것으로 보인다. 법관들의 2020년 봉급은 다음 표와 같다.

〈법관의 봉급표*〉

(월지급액, 단위: 원)

직명	호봉	봉급액
대법원장		11,904,300
대법관		8,431,600
일반법관	17호	8,419,300
	16호	8,403,100
	15호	7,926,400
	14호	7,452,000
	13호	7,026,400
	12호	6,667,300
	11호	6,494,100
	10호	6,290,400
	9호	5,950,000
	8호	5,544,400
	7호	5,194,700
	6호	4,866,500
	5호	4,549,800
	4호	4,230,900
	3호	3,922,700
	2호	3,615,300
	1호	3,208,600

* 법관의 보수에 관한 규칙 [별표 1] 〈개정 2020. 3. 4.〉

〈검사〉

검사는 법무부 산하 검찰청 소속 특정직 공무원이다. 경찰을 지휘하여 범죄를 수사하고 증거자료를 모아 유죄라고 판단되면 범죄인을 법원에 기소한다.

재판 과정에서는 피고인이 유죄 판결을 받도록 각종 증거자료를 제출하고 증인신문 등 필요한 절차를 적극적으로 진행한다. 법원의 유죄 판결 후에는 법원에서 내린 판결 결과를 집행하는 역할도 수행한다.

검사가 많은 업무 시간을 할애하는 일은 고소인 및 참고인을 조사하고, 범죄 혐의가 있는 사람(피의자)을 신문하는 일이다. 사법경찰관을 지휘, 감독하여 범죄의 증거를 수집하고 분석하며, 필요에 따라 압수·수색·체포·구속영장을 법원에 청구한다. 다양한 증거를 바탕으로 사실관계를 수사한 후 죄가 있다고 판단되면, 범죄 사실 및 사건에 해당하는 법 조항 등을 명시한 공소장을 작성해서 법원에 제출한다. 이를 '기소'라고 한다.

민사 사건과 관련하여, 금치산·한정치산 선고의 신청권, 성년후견개시 청구권, 부재자의 재산관리 관여권, 실종선고 청구권, 청산인 선임 청구권 등을 행사하기도 한다. 국가를 당사자 또는 참가인으로 하는 소송을 벌이거나 행정소송의 수행을 지휘·감독한다.

검사가 되기 위해 필요한 자격은 ① 사법시험에 합격하여 사법연수원 과정을 마친 사람, ② 변호사 자격이 있는 사람이다. 검찰총장의 정년은 65세, 검찰총장 외 검사의 정년은 63세이며, 2020년 봉급은 다음 표와 같다.

〈검사의 봉급표*〉

(월지급액, 단위: 원)

직명	호봉	봉급액
검찰총장		8,431,600
검찰총장 외의 검사	17호	8,419,300
	16호	8,403,100
	15호	7,926,400
	14호	7,452,000
	13호	7,026,400
	12호	6,667,300
	11호	6,494,100
	10호	6,290,400
	9호	5,950,000
	8호	5,544,400
	7호	5,194,700
	6호	4,866,500
	5호	4,549,800
	4호	4,230,900
	3호	3,922,700
	2호	3,615,300
	1호	3,208,600

* 검사의 보수에 관한 법률 시행령 [별표 2] 〈개정 2020. 3. 24.〉

내 꿈에 한 걸음
더 가까이!

변호사가 4 되기 위한 가이드

변호사시험
준비

과거에는 '사법시험' 합격 후 사법연수원을 졸업하면 변호사 자격이 주어졌다. 사법시험은 응시 자격에 학력 제한이 없었다. 누구에게나 공평하게 기회가 주어진다는 점에서 좋은 제도였으나, 수많은 청년이 사법시험 합격에만 목숨을 걸고 매달리는 부작용이 사회문제로 지적되어 관련 법률을 개정해야 한다는 목소리가 높아졌다.

결국 2007년 관련 법률이 제·개정되어 '변호사시험' 제도가 도입되었다. 2017년까지 사법시험과 변호사시험이 공존하였으나, 현재 사법시험은 없어졌고 변호사시험을 통과해야만 변호사가 될 수 있다.

새로운 변호사시험 제도의 가장 큰 특징은 법학전문대학원(로스쿨)에서 석사학위를 취득했거나 3개월 내 취득이 예정된 경우에만 시험에 응시할 수 있다는 것이다.* 또한 응시 횟수도 석사학위 취득 후 5년 내에 5회만 응시할 수 있도록 제한하

* 「변호사시험법」 제5조 참조.

였다. 나이 제한은 없다.

응시 결격사유에 해당하여 응시할 수 없는 사람은 총 8가지 유형으로 다음과 같다.

① 피성년후견인

② 금고 이상의 실형을 선고받고 그 집행이 끝나거나(집행이 끝난 것으로 보는 경우를 포함한다) 그 집행을 받지 아니하기로 확정된 후 5년이 지나지 아니한 사람

③ 금고 이상의 형의 집행유예를 선고받고 그 유예기간이 지난 후 2년이 지나지 아니한 사람

④ 금고 이상의 형의 선고유예를 받고 그 유예기간 중에 있는 사람

⑤ 탄핵이나 징계처분을 받아 파면된 후 5년이 지나지 아니한 사람

⑥ 「변호사법」에 따라 제명된 후 5년이 지나지 아니한 사람

⑦ 징계처분으로 해임된 후 3년이 지나지 아니한 사람

⑧ 「변호사법」에 따라 영구 제명된 사람

이 장에서는 변호사시험의 시험과목과 합격 기준은 어떠한지, 전문적 법률 분야 과목은 뭘 선택하는 것이 좋을지, 늦은 나이에도 변호사시험에 합격할 수 있는 지, 법학전문대학원 동기들은 모두 같은 해에 합격하는지 등에 대해 살펴보기로 한다.

Q & A

시험과목과 합격 기준은 무엇인가요?

변호사시험은 선택형 및 논술형 필기시험과 별도의 법조윤리시험으로 구성된다. 매년 1회 이상 시험이 실시되며 실시계획은 미리 공고한다.

① 필기시험

공법, 민사법, 형사법의 경우 선택형 및 논술형 필기시험으로, 전문적 법률 과목의 경우 논술형 필기시험으로 실시된다. 구체적인 시험과목은 다음 표와 같다.

· 공법 (헌법 및 행정법 분야의 과목을 말한다)

· 민사법 (「민법」, 「상법」 및 「민사소송법」 분야의 과목을 말한다)

· 형사법 (「형법」 및 「형사소송법」 분야의 과목을 말한다)

· 전문적 법률 분야에 관한 과목 (국제법, 국제거래법, 노동법, 조세법, 지적재산권법, 경제법, 환경법) 중 응시자가 선택하는 1개 과목

전문적 법률 분야에 관한 과목의 종류와 그 출제 범위는 다음 표와 같다.

과목	출제 범위
국제법	국제경제법을 포함한다.
국제거래법	「국제사법」과 「국제물품매매계약에 관한 유엔협약」으로 한다.
노동법	사회보장법 중 「산업재해보상보험법」을 포함한다.
조세법	「국세기본법」, 「소득세법」, 「법인세법」 및 「부가가치세법」으로 한다.
지적재산권법	「특허법」, 「실용신안법」, 「디자인보호법」, 「상표법」 및 「저작권법」으로 한다.
경제법	「소비자기본법」, 「전자상거래 등에서의 소비자 보호에 관한 법률」, 「독점규제 및 공정거래에 관한 법률」, 「약관의 규제에 관한 법률」, 「할부거래에 관한 법률」 및 「방문판매 등에 관한 법률」로 한다.
환경법	「환경정책기본법」, 「환경영향평가법」, 「대기환경보전법」, 「물환경보전법」, 「폐기물관리법」, 「토양환경보전법」, 「자연환경보전법」, 「소음·진동관리법」 및 「환경분쟁조정법」으로 한다.

② 법조윤리시험

법조윤리시험은 선택형 필기시험으로 합격 여부만을 결정하고 성적은 변호사시험의 총득점에 산입하지 않는다. 법조윤리시험 합격에 필요한 점수는 만점의 70%이다. 법조윤리시험은 법학전문대학원의 석사학위를 취득하기 전이라도 「법학전문대학원 설치·운영에 관한 법률 시행령」 제13조 제1항 제1호의 법조윤리 과목을 이수하면 응시할 수 있다. 법조윤리시험 응시자는 법조윤리 과목 이수 여부를 소명하는 서류인 '법조윤리 과목 학점취득 증명서'를 응시 원서 접수 시까지 제출해야 한다.

③ 합격 기준

합격자는 선택형 필기시험과 논술형 필기시험의 점수를 일정한 비율로 환산하여 총 득점으로 결정한다. 다만 각 과목 중 어느 한 과목이라도 합격 최저 점수 이상을 취득하지 못한 경우에는 불합격으로 처리된다. 과목별 필기시험의 합격 최저 점수는 각 과목 만점의 40%이다.

변호사시험에 대한 더 구체적인 정보는 인터넷 법무부 홈페이지(http://www.moj.go.kr/) 법무정책서비스 → 시험정보 → 변호사시험)에 들어가면 자세하게 잘 나와 있으니 참고하기 바란다.

Q & A

전문적 법률 분야 과목 중
무엇을 선택하는 것이 좋을까요?

전문적 법률 분야에 관한 과목은 국제법, 국제거래법, 노동법, 조세법, 지적재산권법, 경제법, 환경법 중 응시자가 1개를 선택하면 된다.

2018년 제7회 변호사시험 응시자 3,240명 중 국제거래법을 선택한 수험생은 1,404명 (43.3%), 환경법 695명(21.5%), 노동법 415명(12.8%), 경제법 309명(9.54%), 국제법 241명(7.44%), 지적재산권법 95명(2.93%), 조세법 81명(2.5%)이었다.

수험생들이 7개 선택과목 중 가장 많이 응시한 과목은 국제거래법이다. 수험생들은 국제거래법을 선택하여 응시한 이유로 ① 판례가 다른 법에 비해 적은 점, ② 한자가 아닌 한글 조문이라는 점, ③ 공부해야 할 조항의 숫자가 적은 점 등을 꼽았다.

변호사시험 합격이 우선 급하다 보니 위와 같은 기준으로 선택과목을 정하는 것도 한편으론 이해된다. 그러나 장기적으로는 평소 관심 있었던 과목을 선택하거나, 미래에 변호사로 진출할 분야를 공부하는 차원에서 선택하는 것이 바람직하다. 2020년 제9회 변호사시험 응시자 3,316명의 전문 분야 과목에 대한 응시자 및 합격자 현황은 다음 표를 살펴보자. 과목 선택 시 참고하기 바란다.

(단위: 명)

구분	전체	경제	국제거래	국제	노동	조세	지적 재산권	환경
응시자	3,316	427	1,224	303	242	99	115	906
합격자	1,768	237	590	140	132	59	51	559

Q & A

늦은 나이에도 변호사시험에 합격할 수 있나요?

변호사시험에 나이를 제한하는 규정은 없다. 따라서 늦은 나이에도 법학전문대학원을 졸업한 후 변호사시험에 응시하여 합격할 수 있으며, 실제로 고령의 합격생들이 해마다 배출되고 있다.

법률저널(http://www.lec.co.kr) 자료에 따르면, 역대 변호사시험(1~8회)에는 총 22,457명이 출원했고 총 12,575명이 합격했다. 합격자 중 30대가 7,017명(56.23%)으로 가장 많고 20대가 4,851명(38.58%)으로 뒤를 이었다. 만학도에 해당하는 40대는 636명(5.06%), 50대도 17명(0.14%)이 변호사시험에 합격해 법조인의 길을 걷고 있다.

법무부의 '2020년 제9회 변호사시험 합격자 통계'에 따르면 합격자의 연령별 현황은 다음 표와 같다.

연령	전체		남자		여자	
	인원	비율(%)	인원	비율(%)	인원	비율(%)
총계	1,768	100	972	54.98	796	45.02
25 미만	0	0.00	0	0.00	0	0.00
25	15	0.85	5	0.28	10	0.57

연령	전체		남자		여자	
	인원	비율(%)	인원	비율(%)	인원	비율(%)
26	94	5.32	15	0.85	79	4.47
27	183	10.35	52	2.94	131	7.41
28	214	12.10	87	4.92	127	7.18
29	203	11.65	113	6.39	93	5.26
30	201	11.37	116	6.56	85	4.81
31	182	10.29	116	6.56	66	3.73
32	145	8.20	89	5.03	56	3.17
33	119	6.73	76	4.30	43	2.43
34	79	4.47	53	3.00	26	1.47
35	67	3.79	49	2.77	18	1.02
36	51	2.88	40	2.26	11	0.62
37	44	2.49	33	1.87	11	0.62
38	35	1.98	24	1.36	11	0.62
39	22	1.24	17	0.96	5	0.28
40	32	1.81	22	1.24	10	0.57
41	20	1.13	15	0.85	5	0.28
42	15	0.85	13	0.74	2	0.11
43	13	0.74	9	0.51	4	0.23
44	10	0.57	8	0.45	2	0.11
45	6	0.34	5	0.28	1	0.06
46	4	0.23	4	0.23	0	0.00
47	5	0.28	5	0.28	0	0.00

48	3	0.17	3	0.17	0	0.00
49	0	0.00	0	0.00	0	0.00
50	1	0.06	1	0.06	0	0.00
51	0	0.00	0	0.00	0	0.00
52	1	0.06	1	0.06	0	0.00
53	1	0.06	1	0.06	0	0.00
54	0	0.00	0	0.00	0	0.00
55 이상	0	0.00	0	0.00	0	0.00

Q & A

법학전문대학원 동기들은
모두 같은 해에 합격하나요?

「변호사시험법」상 변호사시험은 법학전문대학원의 석사학위를 취득한 달의 말일부터 5년 내에 5회만 응시할 수 있다. 석사학위를 취득해야만 5년이라는 기간 제한이 시작되므로 만일 석사학위를 취득하지 않았다면 법학전문대학원 입학 이후 5년이 넘어도 응시할 수 있다.

다음 표는 2020년 제9회 변호사시험에 응시한 수험생의 로스쿨 입학기수(입학 연도)별 합격 현황이다. 앞의 규정 때문에 석사학위를 늦게 취득한 수험생의 경우, 2009년에 입학한 제1기 법학전문대학원생도 2020년에 변호사시험에 응시하여 합격할 수 있었다.

석사학위 취득 후 5년 내에 5회만 응시할 수 있다는 제한 때문에 아직 변호사시험에 합격할 실력이 안 되는 학생들은 석사학위 취득을 미루는 전략을 사용하고 있다. 이처럼 같은 해에 입학한 로스쿨 동기생들도 석사학위 취득이나 변호사시험 합격 연도는 천차만별로 달라질 수 있다.

〈2020년 제9회 변호사시험 '로스쿨 입학기수(입학 연도)별' 합격 현황〉

로스쿨 입학기수(입학 연도)	응시자(명)	합격자(명)
9기(2017년)	1,576	1,167
8기(2016년)	678	287
7기(2015년)	403	170
6기(2014년)	287	76
5기(2013년)	229	46
4기(2012년)	99	16
3기(2011년)	30	3
2기(2010년)	12	3
1기(2009년)	2	0

법학전문대학원, 법학적성시험(LEET) 준비

법학전문대학원은 3년 과정으로, 법조인 양성을 목적으로 하는 대학원이다. 2007년에 관련 법률이 제정되었고 2009년에 처음으로 문을 열었다. 법학전문대학원 입학 자격은 '학사학위를 가지고 있는 자 또는 법령에 의하여 이와 동등 이상 학력이 있다고 인정된 자'이다.

법학전문대학원에 응시하기 위해서는 법학적성시험(LEET) 성적, 대학교 성적, 공인 외국어 성적이 필요하다. 논술, 면접, 사회 활동 경력 요구, 점수 배분 방법 등 세부적인 입시 요강 및 전문적으로 특성화된 분야가 무엇인지는 대학별로 상이하다. 따라서 관심 있는 대학원의 자세한 입시 요강을 미리 알아보면 좋겠다.

인터넷 '법학전문대학원 협의회(http://info.leet.or.kr)' 홈페이지에 들어가면 전국에 있는 각 법학전문대학원의 다양한 정보와 입시 요강, 각종 통계 등을 손쉽게 찾아볼 수 있다.

이 장에서는 전국에 설치된 법학전문대학원의 현황 및 입학에 필요한 법학적성시험(LEET) 준비 방법, 대학교는 어떤 과목을 전공하는 것이 좋은지 등을 살펴보자.

Q & A

전국 법학전문대학원
현황은 어떤가요?

현재 우리나라에는 총 25개 대학에 법학전문대학원(로스쿨)이 설치되어 있다. 「법학전문대학원 설치·운영에 관한 법률」 제8조(학사학위과정의 폐지) 제1항은 "법학전문대학원을 두는 대학은 법학에 관한 학사학위과정을 둘 수 없다."라고 규정하고 있다. 따라서 법학전문대학원이 설치된 대학교는 학부에 법학과 등 법학 관련한 학사학위과정이 없다.

최근 언론 보도에 따르면, 2021학년도 법학전문대학원 평균 경쟁률은 지난해 치러진 2020학년도 입학전형보다 소폭 하락한 것으로 나타났다. 총 2천 명을 모집하는 전국 25개 대학 로스쿨에 9,752명이 지원하여 평균 4.88대 1의 경쟁률을 나타냈다. 2020학년도 경쟁률 4.92대 1보다 소폭 하락한 수치다. 가장 높은 경쟁률을 기록한 곳은 원광대 로스쿨로 60명 모집 정원에 총 826명이 지원해 13.77대 1의 경쟁률을 나타냈다.

25개 법학전문대학원은 각각 법학의 특정 분야를 특성화 분야로 정해서 그 분야의 전문 법조인을 육성하고 있다. 법학전문대학원별 입학 정원 및 특성화 분야 현황은 다음 표와 같으니 참고하기 바란다.*

* 법학전문대학원협의회(http://info.leet.or.kr)

학교	입학 정원	특성화 분야
강원대	40	환경
건국대	40	부동산
경북대	120	IT
경희대	60	글로벌기업
고려대	120	GLP(국제)
동아대	80	국제상거래
부산대	120	금융·해운 통상
서강대	40	기업(금융)
서울대	150	국제, 공익·인권, 기업금융
서울시립대	50	조세
성균관대	120	기업
아주대	50	중소기업
연세대	120	공공거버넌스, 글로벌비즈니스, 의료·과학기술
영남대	70	공익·인권
원광대	60	의·생명과학
이화여대	100	생명의료, 젠더
인하대	50	물류, 지적재산
전남대	120	공익·인권
전북대	80	동북아
제주대	40	국제
중앙대	50	문화
충남대	100	지적재산
충북대	70	과학기술
한국외대	50	국제
한양대	100	국제소송, 지식·문화산업, 공익·소수자 인권

Q & A

법학적성시험(LEET)은
어떻게 준비해야 하나요?

법학적성시험(LEET)은 법학전문대학원 교육을 이수하는 데 필요한 수학 능력과 법
조인으로서 지녀야 할 기본적 소양과 잠재적인 적성을 측정하는 시험으로 법학전문
대학원에 입학하기 위해 필수적으로 치러야 하는 시험이다.*

시험영역은 언어이해 영역, 추리논증 영역, 논술영역 3개 영역으로 구성된다.
 ① 언어이해 영역: 법학전문대학원 교육에 필요한 독해 능력, 의사소통 능력 및 종합
   적인 사고력을 측정한다.
 ② 추리논증 영역: 사실, 주장, 이론, 해석 또는 정책이나 실천적 의사결정 등을 다
   루는 다양한 분야의 소재를 활용하여 법학전문대학원 교육에 필요한 추리 능력
   과 논증 능력을 측정한다.
 ③ 논술영역: 법학전문대학원 교육 및 법조 현장에서 필요한 논증적 글쓰기 능력을
   측정한다.

인터넷 법학적성시험(http://www.leet.or.kr/) 홈페이지에 들어가면 시험 개요, 시험

* 「법학전문대학원 설치·운영에 관한 법률」 제23조(학생선발) 참조.

일정 등의 정보와 연도별 기출문제도 확인할 수 있으니 참고하기 바란다. 법학적성시험을 전문적으로 준비하는 사설학원을 잠시 이용하는 것도 좋은 방법이라고 생각한다.

Q & A

대학교는 어떤 과목을 전공해야 좋은가요?

변호사는 법률 전문가이기에, 대학교에서 법학을 전공하는 것이 법학전문대학원에서 법률 과목을 공부하거나 변호사시험을 볼 때, 추후 변호사가 되었을 때 등 유리한 점이 많다. 그러나 실제 변호사시험에서는 법학을 전공하지 않은 비전공의 비율이 더 높았다.

법무부에서 펴낸 『2020 법무 연감』에 따르면 2019년 제8회 변호사시험 합격생들의 법학전공 여부는 다음 표와 같이 법학전공이 698(41.28%)명이고 비전공이 993명(58.72%)으로 나타났다.

시험구분＼법학전공	총계	전공	비전공
변호사시험(비율)	1,691	698 (41.28%)	993 (58.72%)

2020년에 실시한 제9회 변호사시험의 경우는 다음 표와 같이 법학을 전공하지 않은 합격생들이 더 늘어나서 법학전공이 637(36.03%)명이고, 비전공이 1,131명(63.97%)이었다.

구분	전체(명)	법학전공		법학비전공	
		인원(명)	비율(%)	인원(명)	비율(%)
응시자	3,316	1,333	40.20	1,983	59.80
합격자	1,768	637	36.03	1,131	63.97

이 같은 현상은 법학전문대학원 입시에서는 더 두드러진다. 애초에 법학전문대학원을 도입한 취지 중 하나가 대학 학부에서 다양한 과목을 전공한 사람들을 법률 전문가로 양성하기 위함이기 때문이다.

의료사고 분쟁이나 회사 간의 기술특허 관련 분쟁 등 복잡다기한 분쟁을 해결하면서 학부에서 전공한 다양한 분야의 전문 지식과 법률 지식을 복합적으로 적용하면 더 수준 높은 양질의 법률서비스를 제공할 수 있기 때문이다.

심지어 「법학전문대학원 설치·운영에 관한 법률」 제23조(학생선발) 제2항은 "법학에 관한 지식을 평가하기 위한 시험을 실시하여 그 결과를 입학전형자료로 활용하여서는 아니 된다."라고 규정함으로써 법학전문대학원 입시에 법학시험 점수를 활용하지 못하도록 하고 있다.

따라서 법학전문대학원 입시에 국한한다면 굳이 법학을 전공할 필요는 없으며, 평소 배우고 싶었거나 나중에 변호사가 되었을 때 전문 영역으로 개발하고 싶은 분야의 과목을 전공하는 것도 좋다.

연도별로 법학전문대학원에 합격한 합격생들의 법학, 비법학 전공 현황은 다음 표와 같다.*

(단위: 명)

학년도	2016	2017	2018	2019	2020
법학	773	594	440	394	317
비법학	1,344	1,522	1,666	1,742	1,813
계	2,117	2,116	2,106	2,136	2,130

* 법학전문대학원협의회(http://info.leet.or.kr) 참조.

본격
공부 준비

공부가 취미인 사람이 얼마나 될까? 대부분 공부 자체보다는 그것을 통해 얻게 되는 결과를 위해 공부하는 경우가 더 많을 것이다. 그렇다면 최대한 빠르고 쉽게 원하는 결과를 얻을 필요가 있다.

어떻게 공부해야 효율적일까? 스스로 개념 설명하기, 긴 내용 요약해서 정리하기, 밑줄 긋기, 핵심어 외우기, 연습 문제 풀기 등등 자기에게 맞는 공부법을 찾아 발전시켜야 한다.

무엇을 공부하느냐에 따라 효율적인 공부 방법은 달라질 수 있다. 공부할 내용이 외국어 단어일 수도 있고, 문학 작품일 수도 있으며, 수학 공식이나 도표, 지도일 수도 있다.

법학 공부를 암기과목과 비슷하게 생각하는 사람이 많지만, 사실 법학 공부는 암기해야 할 부분이 많지 않다. 법률 조문은 법전을 찾아보면 되니 암기할 필요가 없다. 판례도 검색하면 된다. 하지만 법률용어의 개념과 정의는 반드시 제대로 알고 있어야 한다. 용어를 정확히 알지 못하고 대충 알게 되면 법조문도 해석되지 않고 판례를 읽어도 이해되지 않기 때문이다. 처음 보는 법률용어가 나오면 반드시 정확한 의미를 법전이나 사전을 통해 찾아보는 습관을 들이는 것이 좋다. 일반적으로 사용하는 단어 뜻과 다른 경우가 많기 때문이다.

이 장에서는 본격적인 공부를 하기 위한 준비 단계로 로스쿨에서는 무엇을 배우는지, 공부 분량은 얼마나 되는지, 법 공부는 어떻게 하는 것이 좋은지, 한자 공부도 해야 하는지 등에 대해 알아보기로 한다.

Q & A

로스쿨에서는 무엇을 배우나요?
공부 분량이 엄청난가요?

로스쿨에서 배우는 교과목은 학교마다 약간씩 차이가 있다. 보통 로스쿨 3년 과정과 실무수습을 마치면 곧바로 실무에 투입되어야 하기에 법학 이론과 실무를 빠짐없이 배우도록 편성되어 있다.

연세대학교 법학전문대학원을 예로 살펴보면, 필수기반과목군, 기반과목군, 심화과목군, 필수실무과목군, 응용실무과목군의 5가지 과목군으로 나뉘어 있으며 세부 과목은 다음 표와 같다.

법조					
필수실무과목	실무수습				
심화 과목군	- 공법 - 형사법 - 민사법 - 상사법	- 사회·경제법 - 의료·과학기술법 - 국제법 및 비교법 - 기초법 및 연계분야	**응용실무 과목군**	- 공공쟁송실무 - 금융과 조세실무 - 민사법응용 등	
기반 과목군	- 공법 - 형사법 - 민사법 - 상사법	- 사회·경제법 - 의료·과학기술법 - 국제법 및 비교법 - 기초법 및 연계분야	**필수실무 과목군**	- 법조윤리 - 법문서 작성 - 모의재판	
필수기반 과목군	- 헌법 I·II - 계약법 - 물권법 - 불법행위법	- 형법 I·II - 민사소송법 - 형사소송법	**필수기반 과목군**	법률정보조사와 법률문장론	

로스쿨은 3년 과정으로 법조인을 양성하는 것을 목표로 세워졌다. 3년 동안 법조인으로 갖춰야 할 각종 전문 법률 지식과 판례 등을 모두 학습해야 한다.

기존 사법시험 제도하에서는 통상적으로 ① 법학전공 4년 과정을 마치고 ② 사법시험 수험 기간을 거쳐 사법시험에 합격한 후 ③ 사법연수원 2년 과정을 거쳐 법조인이 되었던 것에 비해 상당히 짧은 기간이라 할 수 있다. 따라서 공부 분량이나 강도가 엄청나다.

2018년 변호사시험은 응시자가 3,240명, 합격자가 1,599명으로 49.35%의 합격률을 보이고, 2019년 변호사시험은 응시자가 3,330명, 합격자가 1,691명으로 50.78%의 합격률을 보인다. 두 명 중 한 명만 합격하는 시험이고, 응시 횟수도 5년 내에 5회만 응시할 수 있도록 제한되어 있기에 로스쿨 재학생이 받는 학업 스트레스는 미루어 짐작할 수 있다.

태산이 아무리 높다 한들 한 계단씩 쉬지 않고 꾸준히 오르다 보면 어느새 정상에 도달한 자신을 발견할 수 있을 것이다. 법을 배우는 과정을 암기과목처럼 여겨서는 곤란하다. 깨어있는 호기심으로 매 과목에 열중하다 보면 시간 가는 줄 모르고 재미있게 공부할 수 있지 않을까?

Q & A

법 공부는
어떻게 해야 하나요?

모든 공부가 마찬가지겠지만, 법 공부 역시 전체적인 틀을 늘 염두에 두고 공부하는 것이 좋다. 두꺼운 법률 서적을 공부하다 보면 세부적인 논점이나 이론에 치우쳐 전체 틀을 놓치기가 쉽기 때문이다.

그럴 때마다 교과서 맨 앞에 실려 있는 목차를 반복해서 보는 것이 좋다. 법률 조문을 공부할 때도 조문 목차를 항상 옆에 두고 내가 지금 공부하는 조문이 전체 법률의 어느 부분인지를 생각하며 공부하다 보면 이해도 쉽고 나중에도 쉽게 까먹지 않게 된다.

법 공부를 할 때 흥미와 실무 감각을 잃지 않으려면, 판례와 접목하여 공부해보자. 해당 이론과 학설 대립을 익힌 후에는 반드시 판례로 마무리 지어야 한다. 판례도 고정되어 있지 않고 시기에 따라 변화·발전하기에 판례의 변천사를 함께 공부하다 보면 해당 법 논리의 핵심 쟁점과 발전 과정을 알게 된다.

사소한 팁을 하나 말하자면, 다수설과 소수설, 판례를 각각 다른 색깔의 연필로 줄을 그으며 공부한 것도 도움이 된다. 깔끔하게 자를 대고 줄을 그으며 공부를 하게 되면, 시험 직전 최종 마무리 공부를 할 때 공부한 내용이 한눈에 들어와 짧은 시간에 많은 양을 정리할 수 있다.

각자의 공부 습관에 맞추어 공부하되 시험을 바로 앞둔 시점에 어떻게 모든 과목을
짧은 시간에 반복해서 볼 수 있을지를 미리 염두에 두고 정리해놓는 것이 좋다.

Q&A

한자 공부도
많이 해야 하나요?

과거에는 법학 서적과 법전을 읽을 때 한자가 많아서 한자를 꼭 공부해야 했다. 더구
나 사법시험 2차 시험은 논술 시험인데 어떤 채점 교수들은 한자를 적절하게 쓴 시험
지에 점수를 많이 준다는 소문이 있어 실제로 한자를 병용해서 작성하기도 했다.

지금은 예전처럼 한자를 사용하여 시험지를 작성하지 않아도 되므로 한자 쓰기 공부
를 할 필요는 없다. 그러나 시험장에서 볼 수 있는 법전이 한글과 한자가 혼용되어 있
어 최소한의 한자는 알고 있어야 한다. 외워서 작성할 정도는 아니더라도 읽을 수는

있어야 한다는 말이다.

또한 법률용어에는 동음이의어가 많아 같은 발음이더라도 다른 뜻을 가진 말을 사용할 때는 한자의 중요성이 커진다. 예를 들면, 민법에서 중요하게 사용되는 용어인 '과실(果實)'과 '과실(過失)'은 동음이지만 뜻이 확연히 다르다. 이 둘을 혼동하여 잘못 이해하거나 잘못 사용한다면 낭패가 아닐 수 없다.

시중에 나와 있는 한자 공부 기초 서적을 사서 학습하는 것이 큰 도움이 되며, 법률 공부를 할 때 한자로 된 법전을 적극적으로 활용하여 반복해 읽는 것이 좋다.

법학전문대학원(로스쿨)
면접 알아보기

법학전문대학원(로스쿨) 입학시험은 일반적으로 법학적성시험(LEET) 성적, 대학교 성적, 공인 외국어 성적, 자기소개서 등의 서류 점수로 1차 합격자를 선발한다. 논술, 사회 활동 경력 요구, 점수 배분 방법 등 세부적인 전형 방법은 대학별로 다르나, 면접을 본 뒤 1차 점수와 면접 점수 등을 합하여 최종 합격자를 선발하는 방식이 일반적이다.

1차 전형을 통해 3~5배수 정도의 인원을 추린 다음 면접을 보게 되는데, 면접 방식, 면접 시간, 문제 내용 등 면접의 구체적 내용은 학교별로 천차만별이다. 면접의 질문 내용이 구체적으로 무엇인지는 시중에 나와 있는 기출문제집을 사서 참고하면 도움이 된다. 최근에는 법학 지식과 직접 연관된 문제는 점점 내지 않는 추세이며, 이를 입시 요강에 명문으로 밝히기도 한다. 법학 지식을 면접에서 다시 묻는 것은 필기시험과 중복되기 때문이다.

대부분의 학교에서는 시사 문제 또는 사례 문제를 제시하고 이에 대한 지원자의 의견과 그 논거를 묻는다. 진행 형태는 개별면접 방식이 많으나, 학교에 따라서는 집단면접 방식으로 진행하기도 한다. 이전에는 면접관이 교수인 경우가 많았다. 최근에는 교수 외에도 변호사, 판·검사 등 법조인, 민간 전문가를 참여시키는 경우도 많아졌다.

2017년부터 전국 모든 학교에서 블라인드 면접이 시행되어 면접관들은 지원자의 출신 학교, 전공, 학점, 자기소개서 내용 등 신상 정보를 전혀 알 수 없다. 면접의 평가 기준 또는 항목은 이해력, 소통 능력, 분석력, 판단력, 문제해결 능력 등으로, 지원자의 법학 적성과 인성, 발전 가능성 등을 종합적으로 평가한다.

다음 표에서 2021학년도 전국 25개 법학전문대학원의 면접 평가 기준(항목)을 정리해 놓았으니 참고하기 바란다.

학교	평가 기준
강원대	서면 답안지 작성 및 구술 평가로 진행되며, 구술 평가는 서면 평가 문제에 기초한 인접 문제로 실시. 이해력, 논리적추리 능력, 논거 제시력, 문제해결 능력, 의사 전달력, 기본 소양 등

건국대	학업능력 영역은 사례 분석 및 문제해결 능력, 논리 전개의 합리성 및 표현의 명확성을 평가하고, 일반영역은 태도 및 표현 능력, 가치관 및 인성을 평가.
경북대	법률가로서의 자질 및 법학수학 능력 구술에 의한 심층면접 방식으로 평가하며, 분석력, 논리력, 종합력, 표현력을 평가항목으로 둠.
경희대	모든 지원자에게 동일한 문제를 제시하여 지원자의 이해력, 논리적 표현력, 사고력, 학업 적성 등을 평가.
고려대	특정 문제에 대한 이해력과 답변 내용의 설득력, 표현의 정확성, 적절성, 발표 태도 등을 통해 지원자의 수학 능력과 법조인으로서의 적성 및 자질을 평가.
동아대	직관력과 해독의 정확성, 언어구사 능력, 논리성과 합리성, 전문가로서의 적합성, 사회적 책임성과 성실성 등 5개 항목을 등급별로 평가. 위의 5개 항목을 평가하기 위하여 지문이나 자료 또는 문제 해결형 문항을 제시하며, 지문이나 자료는 국문 또는 영문 형태로 인문·사회과학은 물론 자연과학 분야에 이르기까지 다양한 내용이 제시될 수 있음.

부산대	평가항목	배점 비율(%)
	질의에 대한 이해력	15
	문제분석 능력 및 내용 구성	25
	주장의 명료성	20
	주장 및 근거의 논리성	20
	답변의 시간적 배분과 표현력	20

서강대	1인당 10분 내외로 진행되며, 구체적인 법학 지식은 묻지 않고, 논리적인 답변을 유도할 수 있는 질문으로 구성될 예정. 또한 로스쿨에서의 학업 능력, 건전한 가치관 등을 심층 면접을 통해 평가.
서울대	법률가로서의 적성과 자질 등을 평가하며, 단순한 법학 지식은 평가하지 않음.
서울시립대	기본 인성과 논리력, 창의성, 책임감, 대인관계 등을 종합적으로 평가. 법조인으로서의 잠재력도 평가.
성균관대	지문을 읽고 개인적으로 자유롭게 정리한 사항을 중심으로 구술 면접이 진행되며, 심층 면접에서는 기본품성, 일반교양, 리더십, 문제해결 능력, 의사소통 능력 등의 항목을 종합적으로 평가.
아주대	인성, 창의력, 잠재력, 열정이 각각 10%씩 평가되며, 사고력, 표현력, 의사소통 능력(논증력)은 각각 20%씩 평가.

연세대	면접관의 질문에 답변하는 방식으로 진행되며, 지원자의 답변 내용과 태도를 바탕으로 가치관과 인성, 논리적 사고력, 의사소통 능력 등을 7단계로 나누어 평가.
영남대	'집단면접' 방식으로 실시하며, 인성, 사고력, 의사소통 능력 등의 분야에 대해 평가.
원광대	개별면접 방식으로 진행되며, 도덕성, 가치관, 직업 윤리관 등의 인성 및 가치관을 평가. 또한 사고력, 분석력, 판단력 등의 발전 가능성도 평가.
이화여대	지원자의 이해력 및 분석 능력, 논리적 추론력, 응용력, 인성 등을 종합적으로 평가.
인하대	논리적 사고력, 효과적인 표현력, 태도 및 가치관, 잠재력 및 발전 가능성 등의 항목을 종합적으로 평가.
전남대	3명의 면접위원 점수 평균을 50점 만점으로 환산하여 반영하며, 사고력, 의사소통 능력, 인성 및 가치관 등을 종합적으로 평가.
전북대	심층 면접은 개별 면접으로 법학적성 영역 및 인성 영역을 평가함. 단, 법학 관련 직접적인 지식은 출제·평가하지 않음.
제주대	다섯 가지 평가항목인 이해력, 표현력, 응용력, 토론 능력, 인성을 A(매우 우수), B(우수), C(보통), D(미흡), F(매우 미흡) 단계로 나누어 평가.
중앙대	개별 면접으로 진행되며, 문제 제시형 질의응답을 통해 지문 이해도, 문제해결 능력, 논리적·창의적 사고 능력, 참 법률가로서의 가치관, 인성, 잠재력 등을 종합적으로 평가.
충남대	블라인드 심층 면접으로 10~20분 정도 진행. 평가항목으로는 학습능력 영역 20점, 인성 영역 10점, 의사소통 영역 10점. 총 40점으로 평가.
충북대	인성 및 태도, 창의력 및 표현력, 이해 및 분석력, 논증력을 평가하며 총 배점은 40점임. 단, 면접평가 원점수가 40점 만점 기준 40%(16점) 미만일 경우 과락 처리.
한국외대	인성 평가에서는 인성 및 지원동기, 창의력, 의사소통 능력, 가치관 등을 평가하고 지성 평가에서는 지적 능력, 논리력, 잠재력, 수학 능력, 종합 분석력 등을 평가.
한양대	소통 능력, 분석력, 판단력, 논리성 및 문제해결 능력 등 지원자의 법학 적성을 종합적으로 평가하되, 법학에 관한 지식은 평가하지 아니함. 심층 면접은 제시문 관련 질의응답으로 진행되며, 소통 능력, 분석력, 판단력, 논리성 및 문제해결 능력 등을 종합적으로 평가.

남들과 비교하지 않는 행복

"자기와 다른 사람을 비교하며 누가 우위인지를 끊임없이
신경 쓰는 사람은 여유 있는 기분으로 살 수 없다."

- 요제프 킬슈너

경쟁 사회에 익숙해진 사람들은 끊임없이 자신을 누군가와 비교한다. 그것이 불행의 시
작일 수 있다는 사실을 알면서도, 때로는 값싼 안도감을 얻기 위해, 또 때로는 자신에게
자극을 주어 나태해진 마음을 다잡기 위해….

재미있는 점은, 비교에 익숙한 사람들조차도 자기와 출신이 전혀 다르고 전혀 다른 길을
걸어온 사람과 자신을 비교하지는 않는다는 것이다. 대부분의 사람은 자기와 같은 처지,
또는 인생의 어느 순간이라도 비슷한 환경에 처해 있었던 사람과 자기를 비교한다.

변호사 자격을 가진 사람들은 정말 다양한 길을 걷고 있으며, 소득 또한 천차만별이다.
그들에게는 모두 변호사라는 공통점이 있다. 비교하며 자신에게 스트레스를 주기 알맞
은 조건이다. 더 나아가 판사가 되거나 검사가 된 동기들까지 비교 대상에 올라온다. 남

의 떡이 좋아 보이기에 자신의 처지를 한탄하며 지난날을 후회한다.

결론은 전혀 그럴 필요가 없다. 적어도 변호사가 된 후라면, 딱딱한 틀에 사로잡혀 각자의 직업 영역을 한계 지을 필요가 없기 때문이다. 굳이 소송 사건의 수임 건수에만 집착할 필요도, 판·검사가 되지 않았다고 후회할 필요도 없다. 언제 어느 때라도 진정으로 하고 싶은 일이 생겼을 때, 그 일이 완전히 새로운 일이라 할지라도 변호사라면 그 누구보다 더 빠르고 정확하게 그 일을 완성할 수 있기 때문이다. 사륜구동이며 수륙양용인 지프 자동차를 끌고 굳이 반듯하게 닦인 아스팔트 길만 고집할 필요는 없다.

이 책의 독자 중에 혹시라도 변호사의 길을 가겠다고 새롭게 결심했거나 기존의 결심을 굳힌 사람이 있다면, 넓은 시각으로 직업 세계를 바라봤으면 좋겠다.

변호사라는 전형적인 직업 영역을 미리 정해놓고 그 안에서 사는 게 아니라, 진짜 자기 인생에서 하고 싶은 일이 무엇인지를 먼저 정한 다음 변호사 자격증을 적극적으로 활용할 것을 강력히 추천한다.

MEMO